고 정 자 의 오 빠 생 각

세월이 이상하게 흐른다

고 정 자 의　오 빠 생 각

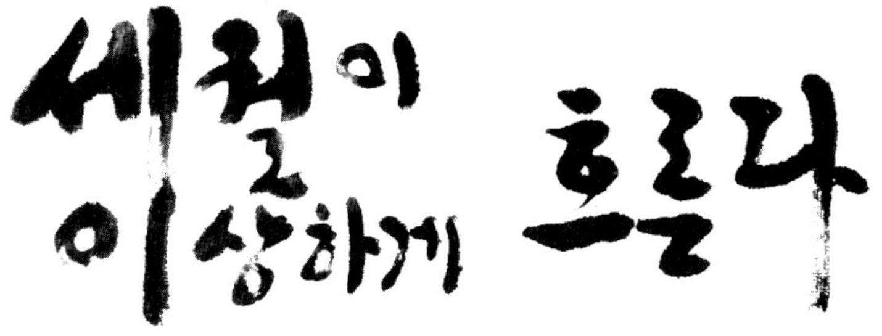

지은이 / 운정 고정자

새로운사람들

책머리에

남들에게는
별 이야깃거리가 되지도 않고
흥미로운 내용이 아닐지라도

첨단 디지털을 넘어
인공지능을 공유하며 사는
이 시대에

새삼
아날로그로 살아왔던
그 시절을 떠올리게 하는 것은
오빠와의 끈끈했던 정 때문이기에

그 시절
되돌아보며

오빠야가 사랑했던 분들께
이 글을 드립니다.

2017. 1. 1.
고정자

제 1부 맘마미아 서유럽 9박 10일

제 2부 울 오빠 이렇게 살았었다

제 3부 오빠야 가고 나서

제 1부

/ 맘마미아 서유럽 9박 10일

2015년 4월 6일 월요일

비만 오지 않았더라도 병원에 들러, "오빠요! 열흘 동안 내 없어도 잘 지내고 있으소. 빨리 갔다 오께요."라고 할 참이었다.

그랬더라면, 그랬더라면…….

그동안 겨울 가뭄이라 비 오기를 기다렸는데 아침부터 반가운 봄비가 부슬부슬 내리기에 메고, 끌고, 또 우산까지 들고 보니 생각이 바뀌었다.

바로 부산역으로 가기가 쪼끔은 찜찜했지만…… 설마하니?

방정맞은 생각일 꺼라 고개를 저으며 여고동창 3명과 함께 16:30발 KTX 인천공항 행 열차에 올랐다.

4월 7일 화요일 / 1일째

00:40 한밤중에 에띠하드 항공기에 올라탔다.

인천국제공항-아부다비(경유)-런던행이다.

하루 종일의 피곤도 피곤이지만 10시간의 비행이고 또 여행의 시작이라 잠부터 잤다. 한 숨 자고 일어나니 사막 위의 아부다비 공항이 내려다보인다.

대한항공 직항 런던행보다 경비가 반밖에 들지 않는 저가항공사라 택했는데 의외로 기내식도 좋고, 운행을 잘해서인지 소음도 별로 없다. 한 번도 기체가 흔들림 없이 와서 사막 위에 한 번 내려 보는 것도 좋다며 즐거운 마음으로 서유럽 여행의 시작에 들떠 있었다.

아부다비에 내리려고 짐을 챙기던 중에 핸드폰이 없다는 사실을 알았다. 의자의 아래위를 보고 또 보고 옷을 털어도 보았지만 찾을 수 없었다.

진땀이 났다.

승객들은 거의 다 빠져나갔다.

폰 데이터를 차단시키고 왔기에 전화는 안 된다고 생각하여 해보지도 않았다. 친구들도 걱정이 되어 함께 찾던 중에 짝지 자리 밑에 떨어져 있는 것을 찾고는 겨우 가슴을 쓸어내리며 꼴찌로 비행기에서 나갔다.

이것이 전조일 줄이야…….

런던행 비행기를 기다리는 동안 창밖으로 내다보이는 두바이의 건물을 대한민국의 자긍심으로 바라본다. 그 건물이 세계에서 제일 높은데, 삼성이 지었다는 것이다.

값도 싸지만 언제 우리가 열사(熱沙)의 복판에 서 보겠느냐며 아부다비 경유 비행을 추진한 유 총무에게 그저 '탁월한 선택'이었다고 칭찬했다.

오후에 런던에 도착하여 바로 시내 투어에 나섰다.

1970년대 초 첫 발령지에서 맨 처음 구입하여 읽은 책이 『김찬삼의 세계여행』이다. 갓 발령받은 22살 애송이 교사에게는 참으로 유익한 책이었다. 보기는커녕 듣지도 못한 세계 곳곳의 모습들에 호기심 가득했던 시절로 사회시간, 즉 역사 지리 수업에 톡톡히 한 몫을 했다.

당시의 우리 현실에서는 카메라는 물론이고 비행기를 타고 세계를 여행한다는 발상 자체도 아무나 할 수 없던 시절이었다.

가장 인상 깊었던 것은 3000년 전 피라미드의 규모가 밑변 226m, 높이 146m로 정방향의 동서남북이 정확하다는 사실과

스핑크스였다. 그 바탕에는 유클리드의 기하학이란 과학적 사고의 수학이 있었다.

어쩌다 보니 명퇴를 하고 맨 먼저 달려간 곳이 이집트였다. 카이로에서 젖과 꿀이 흐르는 풍요의 땅인 산 자의 땅과 강 건너로 죽은 자의 땅인 사하라사막이 바로 옆에 공존한다는 사실이 참으로 흥미로웠다.

현실과 내세는 결코 이질적이거나 동떨어진 것이 아니라 하나였기에 피라미드와 스핑크스가 함께 존재할 수 있었던 것이라는 생각이 들고, 나일강의 풍요를 바탕으로 강력한 군주 파라오도 존재할 수 있었으리라.

그 책에서는 캥거루에 대한 설명도 참 재미있었다.

처음 호주를 찾은 여행가가 이상한 동물을 봤다. 네 발로 걸어 다니는 노루나 사슴 같은데, 긴 뒷다리를 구부린 기이한 모습으로 토끼처럼 껑충껑충 뛰어다녔다.

그걸 보고 그곳 주민에게 "무어냐?"고 물으니 주민은 "캥거루!"라고 대답했다. 그래서 캥거루가 동물 이름인 줄 알고 소개했는데, 나중에 알고 보니 '캥거루'는 '모른다'는 뜻의 호주 원주민 말이라는 것 이었다.

설명을 듣고 보니 캥거루는 주민과 여행가가 서로 언어 소통이 안 되어 생겨난 재미난 이름인 셈이었다.

더욱 상상의 나래를 펴게 한 것은 스웨덴 같은 극지방에서만 볼 수 있는 극광(極光), 즉 오로라였다.

우리나라에서는 해가 뜨거나 질 때의 하늘을 물들이는 붉은 노을을 보고 있으면 시시각각 변하는 아름다운 모습에 자신도 모르게 흠뻑 빠져든다.

바다 위로 불끈 솟아오르는 붉은 해를 보면 누구라도 두 손에 힘이 주어지며 하루를 희망차게 만들고, 서산에 지는 해는 온 하늘을 곱게 물들여 꼴딱꼴딱 넘어가는 해와 함께 하루를 마감하지 않았던가.

오로라는 극지방의 밤에 푸른색, 보라색 등의 신비로운 색깔들이 휘몰아치면서 움직이는 황홀경이라 했다,

아직 가 보지는 못했는데…… 얼마 전 TV에서 사진작가가 비행기에서 오로라를 촬영하여 보내온 장면을 보니 흡사 내가 위성에 타거나 우주인이 되어 지구 밖에서 보는 느낌이 들긴 하였으나 그 신비로움은 이전만 못하다.

『김찬삼의 세계여행』에서 보았던 여러 가지 풍경들이 들어왔다. 그때나 지금이나 별로 달라진 것이 없었다.

대영박물관, 템즈강을 끼고 보이는 국회의사당과 시계탑, 현재 영국 여왕의 집무실이 있는 버킹검궁전, 세인트폴 성당, 역대 왕들의 대관식이 치러진 웨스트민스터 사원 등. Bank라는 어원이 생겨난 국제적인 금융가도 돌아보았다.

LOCATION - ENTRETIEN
Place

4월 8일 수요일 / 2일째

모닝콜 3:00, 아침식사 4:00, 출발 4:40, 유로스타 탑승 7:40. 초반부터 빡빡한 일정이었지만 새벽잠을 설치고 런던을 출발하여 도버 해협의 해저터널을 통과하는 유로스타를 타고 3시간 만에 파리에 도착하였다.

베르사이유 궁전. 13개의 방으로 꾸며진 중세 프랑스 절대 권력의 상징이다. 궁전 내부를 돌아보니 화려함에 입을 다물지 못하겠다. 그러나 화려함의 극치 이면에 드리워진, 피폐해진 민중의 분노가 보이는 듯했다. 자유 평등 박애를 상징하는 하양, 빨강, 파랑의 삼색 국기(國旗) 의미를 되새기고 나폴레옹의 개선문, 마리 앙뜨와네트의 슬픈 역사를 간직한 콩코드광장도 돌아보며 여러 인종이 뒤섞인 거리에 함께 묻혔다.

에펠탑에 오르면서 단단하고 시커먼 쇳조각들을 조합하여 저토록 웅장하고 아름다운 탑으로 변신시킨 예술 감각에 감탄하며 왜 이토록 많은 사람들이 열광하며 파리에 오는지 알 듯했다.

에펠탑은 1889년 프랑스혁명 100주년을 기념하는 세계박람회의 출입관문으로 세워졌고, 이것을 디자인한 구스타프 에펠의 이름을 붙인 탑으로 매년 수백만 명이 찾는 관광명소다. 높이는 324m이며, 18,038개의 건축용 철제 부품을 50만 개의 리벳으로 조립한 건축물이다.

내려다보는 파리 전경도 좋았고 에펠탑을 배경으로 사진 찍기 좋은 광장에서 사진도 찍었다. 저녁에는 세느강의 유람선 위에서 황금같이 빛나는 에펠탑을 바라보니 탑 꼭대기에서 양쪽으로 길게 일직선으로 뻗은 레이저 빛은 파리 시내를 다 품을 만한 길이로, 도시 전체를 디자인한 스케일이 역시나 예술의 도시다웠다.

나와 김은 도중에 배터리가 다하고, 연 친구는 내내 찍힐 수만 있는 처지였으니 유 총무 폰으로 수도 없이 찍고 또 찍었건만, 다음날 루브르 박물관에서 어느 일행이 도와준다고 하다가 폰을 잘못 건드려 손자 손녀의 재롱들까지 몽땅 날려버리는 바람에 그 멋진 에펠탑의 야경은 아무도 담아놓지 못했다.

내내 카메라를 들고 왔어야 했는데, 하는 아쉬움이 있었다.

4월 9일 목요일 / 3일째

햇살 따가운 여름날 같다.
에펠탑도 유명하지만 파리의 몽마르뜨르 언덕은
지성의 언덕으로 알려져 있어
세계의 젊은이들이 모이는 곳이다.

파리 시내를 내려다본다.
파리의 여러 모습들이
세계의 젊은이들을 빨아 당기기에
충분한 매력덩이였다.
화가들이 줄지어 앉아 초상을 그려주기도 하고,
에펠탑 등을 배경으로 그려주며
서로 가격을 흥정하는 모습도 재미있다.
한국 사람인 줄 담박에 알아차리고
"안녕하세요?" 인사를 건넨다.

참으로 격세지감이다.
특히나 6.25가 끝난 50년대.

우리는 보릿고개로 목구멍까지 숨이 차올라 허덕이며
옷가지는 꿰매 입고, 교복은 물려받아 입던 시절.
무에서 유를 창조해야만 하던 시절에
60년대를 학창시절로 보낸 사람이라면
그 당시 유럽은 우리의 선망이었고
문화적 차이는 말할 것도 없었다.
그 중에서도 영국, 프랑스, 독일. 스위스, 이태리 등은
우리와는 극과 극이었다.
파리는 더 더욱 문화적 콧대가 높았었다.

지금 내 앞에 펼쳐진 파리는 현재의 우리 모습과 별반 차이가 없다. 새로운 것을 받아들이는 포용성은 우리가 훨씬 뛰어났다.

살아남기 위하여 우린 죽기 아니면 살기로 광복 후 70년간 '하면 된다'는 신념으로 한강의 기적을 일구었으니 세계가 깜짝 놀랐다. 반신반의하면서도 뚝심으로 밀고 나간 우리 스스로도 놀라고.

지하철의 성능도, 고층빌딩도, 자동차의 위력도 어느 것 하나 뒤지는 것이 없었다. 컴퓨터분야는 더더욱 독보적인 존재가 되었고. 삼성, LG 등등의 이름이 이곳에서 낯설지가 않다.

코리아 사람을 담박에 알아보고 정겹게 웃으면서 한국말로"안녕하세요!" 한다. "대~한민국" 하고 박수를 치면서 싸이의 말춤까지 추다니……. 대단한 대한민국을 현장에서 체험했다.

남한의 인구 5000만, 땅덩어리 11만㎢의 규모로, 지구상 242개국 중에서 2014년도 수출 5위의 대한민국이다. 이는 우리도 믿기 어려운 경이로운 기록으로 중국, 미국, 독일, 일본 다음이다.

수출순위가 행복순위는 아닐지라도 세계의 열강과 어깨를 견준다는 것은 그만큼 국격(國格)이 높은 것이다.

일제 강점기와 6.25를 경험한 세대들의 보릿고개는 말할 수 없는 힘든 시련의 시간들이었으나 선조들은 참으로 슬기롭게 각자 맡은 분야에서 스스로 밀알이 되어 최선의 노력을 한 덕분이라 생각한다.

영국, 프랑스, 이탈리아 등 그 시절 선망의 유럽을 제치다니……통일된다면 더더욱 막강한 국력이 될 것이라 믿어 의심치 않는다.

점심은 프랑스가 자랑하는 달팽이요리란다. 우리 정서로는 학창 시절 그랬다.

“달팽이를 어떻게 먹어?”

이것은 프랑스의 유명배우 브리짓드 바르도가 개를 애완견으로 키우는 정서를 우리가 식용으로 먹는 개에 빗대어 야만인처럼 취급하면서 우릴 비하했던 “개고기를 어떻게 먹어?”에 대한 맞장이기도 했다.

그렇다면 그들은 소고기도 안 먹어야지. 문화적 차이로 받아들이지 않고 문화적 우월로 과시하려했던 그들. 그만큼 우리는 모든 국가경쟁력에서 뒤져 있었다.

식용달팽이라기에 적어도 달걀만한 소라 고동 크기의 달팽이인 줄 알았다가 ‘요것도 요리라고 내놓는가?’ 싶었다. 새끼손톱보다도 작은 골뱅이(다슬기) 6알에 하얀 소스를 끼얹어 놓고는 포크로 찍어먹으라는 달팽이 요리,

유명 음식점에서도 이렇게 상에 올리는지 궁금했으며 프랑스 요리도 별거 아니라는 생각이 들어 사진으로 남겨야겠다고 생각하였다.

우리 식으로는 무, 배, 여러 가지 야채들과 새콤달콤 초장에 버무려진 푸짐한 골뱅이 무침은 침이 절로 넘어가는데……그래도 타국에 왔으니 주는 대로 맛있게 먹어야 했다.

그래야 젊은이들과 함께 보조를 맞출 수 있으니 무엇이든지 맛있게 먹자고 우리는 무언의 약속을 했다.

포크를 드는 순간 전화가 울렸다.
뭔지 모르지만 얼른 켰다.
셋째였다.
느낌이 이상하여 폰을 들고 밖으로 나왔다.
"고모님!" 하는데 나는 도로 껐다.
그리고는 '문자로 해!' 하면서 문자를 날렸다.
내가 여기 와 있는 줄 모를 테니
지 요금이 많이 나올까 봐…….
바로 '아버님 맥박이 없습니다.' 한다.
뒤따라 첫째에게서 전화가 왔다.
덜컥하면서 두려웠다.
"고모님, 아버지가 운명하셨습니다."

멍한 채로 한참 서 있다가 들어갔다.
친구들은 아무 말 않는 내 표정을 보더니…
"무슨 전화고?"
내가 뭐라고 말 할 수 있을까!
이역만리 식당밥상 앞에서…….
"밥 먹고 이야기 하께."
친구들의 식사를 망치고 싶지 않았다.
말투에서 이미 뭔가 느꼈는지
"말해 봐라, 좋은 일인지 나쁜 일인지."

결코 숨길 수 있는 일이 아니었다.
친구들도 굳어졌다.
식사는 어떻게 했는지 모른다.
울 수도 없었다.
가이드 포함 일행 27명이 함께 한 자리였기에
잘못하면 모두의 여정에 찬물을 끼얹게 될 상황이었다.
"난 돌아가야겠다. 친구들아, 미안하다."
연 친구가 입을 열었다.
"여기서 돌아갈 수 없다,
지금 돌아간다 해서 입관이라도 볼 수 있으면 모르되
그렇지 않다면 돌아가는 의미가 없다."
감히 누가 이 상황에서 어떤 말을 할 수 있으랴.

연 친구와는 성격적으로 호흡이 잘 맞았고, 그러기에 그 친구가 동행하자 하여 오빠가 병중임에도 불구하고 선뜻 "오케이" 하여 여기까지 왔다.

어떤 사태에도 감정에 휘둘리지 않고 합리적으로 문제 해결을 하는, 객관적으로 판단하는 총명한 친구였다.

돌아가는 경비, 그리고 혼자 이동해야 하는 위험 등을 말하며 담담히 받아들이자고 했다. 내가 가고 나면 우리도 그렇지만 팀의 여정에도 차질이 생긴다고……

나도 그걸 생각 안 한 것은 아니지만, 그렇다 하더라도 앞으로 일주일을 어떻게 감당할 수 있을지 자신이 없었다.

나 때문에 팀이 정지될 수는 더욱 없었으니 떼제베를 타고 스위스의 벨포드로 가기 위해 몸은 이미 파리역에 와 있었다.

떼제베(TGV)는 프랑스의 고속철도로서 파리-리옹 간이 유럽 최초의 고속열차 전용선이며 1981년 개통되었고 우리의 KTX 열차도 이 모델이다.

가이드가 대사관을 총동원하여 알아본 결과, 밤 12시 대한항공 직항이 1자리 있다고 했다.

조금 전 에펠탑에 모인 여러 인종들을 보며 느꼈던 푸근하지 않았던 생각. 그리고 소매치기 조심과 또 언제 올지도 모르는 낯선 새 가이드가 올 때까지 혼자서 기다려야 하고 공항을 오고 가는 택시비 등 만만찮은 얘기들을 하며…… 그러면서도 최선을 다해주었다.

또 의논하였다.

모두가 갈 수 없다고 했다.

헐레벌떡 정신없이 오고가다가 나에게 무슨 일이 생긴다면 더 큰 낭패를 볼 수 있다는 것에 동의하고 말았으며, 돌아올 때까지 비겁한 결정이었다고 내내 후회를 하였다. 내가 죽더라도 돌아가는 것이 그동안 오빠가 내게 베푼 사랑의 보답이라고 수도 없이 자책했다.

연 친구도 오빠의 안타까운 죽음을 경험했기에 나에게 조언할 수 있었고 나도 그걸 알기에 받아들일 수밖에 없었다.

“집에 초상이 났는데도 안 오고 뭐하고 있노?”
평소 오빠의 쩌렁쩌렁한 음성이 귀를 때린다.
하필이면 지금 내가 왜 시차 9시간,
밤낮이 바뀌는 지구 반대편에 서 있어야 하는지
알다가도 모를 일이었다.

2년 전 친구들이 서유럽 가자고 할 때 이미 여행을 별로 많이 하진 않았지만 해외여행은 이제 끝이라고 생각했는데……오빠가 쓰러진 후 대학병원 4개월 반, 요양병원으로 옮긴 지 20일, 그런 오빠를 두고 왜 내가 프랑스 파리에 와 있는지 정말 모를 일이었다.

4월 10일 금요일 / 4일째

일찍부터 서둘러 산악열차를 타고 유럽의 지붕을 향해 달렸다. 친구들은 "잠은 잘 잤나?" 하고 걱정하고 위로하고 챙겨주었다. 고마운 친구들, 그러기에 더욱 내색할 수도 없었다.

세계에서 가장 높은 융프라우 기차역. 나는 오빠한테 다가가기는커녕 점점 뒷걸음질로, 더~ 더 높은 지구상의 꼭대기로 향하고 있었다.

창밖에는 그동안 말로 듣던, 사진으로 눈에 익은 모습들이 들어왔다. 액자 속에 넣을 풍경, 만년설을 이고 있는 푸른 초원의 목가적인 풍경에 어울리는 아름다운 집과 그 속에 간간히 풀을 뜯는 소들, 깎아지른 절벽으로 흘러내리면서 얼어버린 폭포, 그리고 백설 위를 달리는 스키어들, 요들송도 들리고…… 모두가 창밖으로 목을 빼며 감탄했다.

눈물이 왈칵 쏟아졌다.

모자로 꾹 눌러 얼굴을 다 가리고 자는 척했다.

줄줄 흘렀다.

들킬까 봐 숨을 죽이고 저절로 마를 때까지 기다렸다.
흔적이 남고 내가 운 줄을 알면
친구들도 마음 아파할까 봐.

2번 더 기차를 갈아타고 터널을 지나 얼음길을 지날 때는
빨리 걷지도, 뛰지도 않아야 했다.
잘못하면 고산병에 호흡 이상으로 쓰러질 수도 있기에.

다시 엘리베이터를 타고 정상에 올라서서 내려다보는 알프스,
4800m고지의 시리도록 새하얀, 웅장하고도 장엄한 알프스.
365일 중에 맑은 하늘은 60일도 안 된다는 그 알프스를
우리는 너무나 깨끗하고 맑은 모습으로 볼 수 있었다.

김 가이드는 쫑알쫑알
복 많은 분들이 와서 그렇다고 목소리가 짱짱하다.
모두들 입이 귀에 걸려 있다.
문득 이런 생각이 들었다.
오빠가 날 이 천상으로 불렀다고.
아니 내가 여기로 오빠를 부른다고.
이 천상에서 단둘이 이바구하자고.
그러자 마음이 가벼워졌다.
그리고 많은 이야기들을 했다.

나는 태어나지도 않았던, 고향땅을 떠나올 때 이야기며
돌아가신 부모님과 얼굴도 모르는 큰 오빠와
굽이굽이 세월의 길목 이야기들이 스쳐갔다.
흐릿한 백열등 전깃불 아래 한 이불 밑에 발을 넣고
도란도란 주고받던 그 시절 우리들만의 이야기들.

울다가 웃다가를 반복하며
밤새도록 들어도 지겹지 않던,
이야기의 중심에는 언제나 오빠가 있었고
엄마와 우리 자매들은 감탄을 하며 듣던 그 이야기.
어제 일인 양 스쳐 지나간다.
그리고 다시는 들을 수 없는…….

속이 좀 후련해졌으며 이제 조금은 가벼운 마음으로 내려올 수 있었다. 밀라노로 이동하여 휴식을 취했다.

4월 11일 토요일 / 5일째

출상(出喪) 날인데…….

나를 두고 간단다.
이제 가면 육신은 한 줌의 재로 변한다.
울 오빠야.
그마저도 쥐어볼 수 없는 이 딱한 처지를…….
여행도 중반으로 접어드는데
하루는 여전히 10년 같다.

아침식사 후 밀라노에서 오징어잡이 같은 배(?)를 타고 베니스로 향했다. 비발디의 교향곡 <4계(四季)> 중 봄의 음악을 들려주고, 비발디가 이 곡을 여기서 쓰지 않을 수 없었을 것이라며 우리보다 더 음악에 심취하고는 푸치니의 <공주는 잠 못 이루고>를 들려준다.

음악에 대단한 조예를 지닌 가이드였다.

물의 도시 베니스 관광의 중심지는 산마르코 광장이다. 비잔틴 양식의 화려한 산마르코 성당과 고딕 양식의 백미인 두칼레 궁전과 감옥(監獄)을 잇는 슬픔의 다리인 탄식의 다리 등을 볼 수 있다.

엔진이 달린 수상택시를 타고 베네치아 수로의 깊숙한 곳까지가 보았다. 김찬삼의 여행기에서 본 모습 그대로다. 앞뒤 뱃머리가 바이킹처럼 휘어진 노 젓는 나룻배(곤돌라)에서는 뱃사공이 <산타루치아>를 불러 관광객의 흥을 돋운다.

베네치아.

수백 년을 이어 내려오면서 건물이 낡아 벽이 갈라진 틈을 막대기로 조여 놓은 모습이 인상적이다. 원래는 육지에서 못 먹고 못 입던 유럽 사람들이 오갈 데가 없어 섬으로 들어왔다가 인구가 팽창하면 또 하나의 섬을 만들어 다리로 연결하는 바람에 수백 개의 섬과 다리로 이루어진 강인한 생명력을 지닌 도시라 한다.

지금은 아프리카나 시리아 등지에서 지중해를 통하여 유럽으로 들어오려는 난민들이 많아서 인도적 입장에서도 골치를 앓고 있다고 한다. 예나 지금이나 지중해는 난민들의 통로 역할을 하고 있다. 또, 태평양이나 대서양과 달리 지중해는 파도가 없는 관계로 거의 지면까지 찰랑찰랑해도 걱정이 없단다.

이들은 그 무서운 흑사병을 막기 위해 건강 예배를 간절히 드리는데, 그 모습이 곧 고딕양식이다. 두 손을 모으고 간절히 기도하는 모습.

신이시여, 불쌍한 우리를 보살피소서!

하지만 3~40년 후에는 해수면이 높아져 물속으로 잠긴다고 한다. 어제 보았던 그 알프스의 눈과 극지방의 억겁의 빙하가 녹으면 대신 바다는 해수면이 올라가는 현상, 즉 엘니뇨다.

무한하고 거대할 것 같은 우리의 땅 지구도 비행기를 타보면 커다란 공 덩어리에 불과하며, 그 속에서 아웅다웅 살고 있는 우리네 유한한 삶이 보인다. 어디건 무엇이건 영원한 것은 없는 모양이다.

산마르코 광장 주변의 유리공예를 포함한 즐비한 가게들을 사람에 떠밀려 다니면서 쇼핑했다. 여권이 든 가방은 조심조심 또 조심 가슴에 품고 다녔다.

자세히 보면 새로운 것이 별로 없다. 옛 것을 소중히 하며 조상이 물려준 것을 잘 보존하면서 현대와 조화롭게 upgrade시키고 있는 지혜로운 사람들.

고장의 기후에 따라 기질도 다르고 살아가는 방식도 다르니 그런 모습들 속에 적응하는 나 자신을 발견하고 재충전의 기회를 만들 때 참 좋은 여행이 아닌가 생각한다.

베네치아에서 숙소로 돌아가는 차안에서 김 가이드는 또 신났다. 타레가 작 <아라뽀라 회상곡>을 들려주며 클래식의 진수란다. 1박자를 32등분까지 한 트레몰루 주법의 따르르 따르르한 느낌의 애잔하면서도 잔잔한…… 선율이 아름다운 곡이다.

이번에는 <맘마미아>의 주제곡인 아바의 <댄싱 퀸>을 신나게 들려준다. 영화를 보았지만 사실 맘마미아라는 뜻은 잘 몰랐다. 말하자면 이런 식이다.

이태리 버전 : 맘마미아!

영어 버전 : 오 마이 갓!

코리아 버전 : 아니 이럴 수가!

경상도 버전 : 우째 이런 일이!

la Biennale di Venezia

17살의 처녀가 결혼을 앞두고 엄마의 일기를 몰래 보다가 엄마와 사귄 3사람 중에서 아버지가 누구일지를 몰라 3사람을 다 초대하면서 벌어지는 일들이 맘마미아의 핵심 줄거리다.

부산 사람이서인지 '우째 이런 일이!'가 더 어울린다.
그 순간 뭔가 탁 치며 떠오르는 게 있었다.
내가 여기 와서 해야 할 일이 무엇인가를.

9박10일의 맘마미아 여행에서
오빠가 나를 통해 나타내고자 한 의미를 찾았다.
5개월 반의 투병을 거뜬히 해내는 오빠였는데……
영화 <맘마미아>는 희극이로되
나에게는 비극인 맘마미아.
난 9박10일의 맘마미아 여행을 통하여
오빠를 재탄생시키기로 했다.
오빠와 함께 여행을 하는 것이다.
그렇게 생각을 바꾸니 갑자기 바빠졌다.
메모도 하고, 사진도 찍고, 잘 먹고……
그러나 잘 웃어지지는 않았다.
그저 담담히.

4월 12일 일요일 / 6일째

6:00 기상, 7:00 조식, 8:00 출발.

안개 낀 베네치아를 뒤로 하고 피렌체로 달려간다.

보통 해외여행을 하다보면 피곤이 겹쳐 이동할 때 다들 눈을 잘 붙인다. 그런데 이 남자 같은 30대 아가씨 가이드는 음악이면 음악, 미술이면 미술, 대학 강단에 서도 충분할 식견으로 우릴 사로잡았다.

창밖 드넓은 토스카니 평원은 지상낙원이라 한다. 해바라기가 필 때면 온 평원이 노랗게 물들어 장관을 이룬단다. 왜 서양의 유명 작가들이 해바라기를 즐겨 그렸는지 알겠다. 여름이 우리보다 훨씬 더 길고, 더 뜨거운 평원. 이글거리는 태양 아래 해바라기의 정열이란 꽃말이 참 잘 어울렸다.

이탈리아는 우리와 닮은 점이 많다. 3면이 바다로 둘러싸였고, 우린 산이 70%, 여긴 구릉지가 70%다. 마늘과 매운 음식을 좋아하다 보니 기질도 좀 비슷하다고 한다.

북부지방은 프랑스 쪽에 가까운 키 크고 푸른 눈의 겔트족과 독일계 게르만족, 중부지방에 속하는 산악지대는 키 작고 브라

운의 눈을 가진 로마인의 후손, 남부지방은 카프리 섬을 중심으로 시실리 지중해 연안은 검은 눈의 배우 소피아 로렌이 대표적이란다. 혼합 민족이다.

오늘날 우리도 다문화가정이 늘어나는 추세이긴 하지만, 누가 뭐래도 아직은 단일민족인 배달겨레다.

피렌체 두오모를 조망할 수 있는 미켈란젤로 언덕에 내렸다. 피렌체는 온통 미켈란젤로다.

하늘은 맑고 전 시내가 내려다보인다. 두오모의 종소리가 들리는 듯하다. 밀라노의 두오모가 남성적이라면 피렌체 두오모는 여성적이다.

경주 불국사의 석가탑이 우직한 남자라면 다보탑은 섬세한 여자이듯, 예술은 양면적인 모습으로 서로 조화를 이룰 때 더욱 돋보이고 아름답게 보이는 모양이다.

여름 가면 겨울 오듯
씨 뿌리면 거둘 때가 있고,
해가 뜨면 질 때도 있으니
달도 차면 기운다고 했다.
울 오빠야 왔으니 간다마는
우째! 날 보지 않고 갔을꼬.
야속하기 그지없다.

아무리 생각해도 내 잘못인 줄은 알지만, 그 생각만 하면 울컥울컥한다.

화려한 외관의 주황색 두오모.
올라가 보고 싶지만 스케줄에 없다.
있다 한들 목과 무릎 관절이
다 나갈 정도로 힘들다 한다.
<냉정과 열정 사이>를 읽어봐도 그랬다.
저녁 무렵 석양에 깔린 피렌체가
그지없이 아름다울 것 같은데…….

미켈란젤로 언덕에서 내려다보는 정경도
정말 아늑하고 포근하게 다가온다.
가는 곳곳마다 여행객들로 지구촌 사람들이
다 모이는 것을 보면 조용히 옛 것을 지키며
예술혼을 불태우는 이곳 사람들이 달리 보인다.

메디치가의 후원으로 미켈란젤로, 라파엘 등
수많은 예술가를 탄생시켰으며,
또한 작가들을 환쟁이라 취급하지 않고
대접해 줄줄 알았던 인간 중심의 도시 도시들.
이탈리아의 가장 큰 장점이자 축복으로 보인다.

그 결과가 신이 중심이던 중세로부터 벗어나
예술을 사랑하고 학문을 중시하는
인간 중심의 르네상스를 전 세계로 퍼뜨려
신지식의 불쏘시개 역할을 하게 만들었다는
무한한 자긍심의 나라다.
그 덕으로 오늘날까지
조상의 은덕으로 잘 살아가고 있다.

그래서일까?

로마 외곽에 위치한 한적한 호텔.

고급호텔이 아니어서인지 실내에 에어컨도 없고 무척 덥다.

엘리베이터 또한 느리지만 로비, 객실, 화장실……

어느 곳곳을 봐도

깔끔하고 조화로운 색감으로 다가오는 것은

도도히 이어져 내려오는 예술혼 때문이라 생각한다.

허물어진 집들도 보통 5~600년, 가로수들도 다 그 정도……

과거와 현재가 공존하고 있다.

그러면서도 건축물, 자동차, 핸드백, 의상 등

디자인은 초일류로 세계적인 명품들을 쏟아내어

여행지에서 보고, 사는 즐거움을 주기에 충분하다.

우리는 르네상스 때가 조선의 전기~중기로 인과 예를 중시하는 유교라는 이상적인 틀에 스스로를 옭아매며 세계와는 점점 담을 쌓아 결국 임진왜란과 같은 시련을 겪었다.

임금도 백성을 버리고, 관군도 힘을 못 쓰며, 민심이 흉흉할대로 흉흉하여도 결국 나라를 살리는 것은 이 땅에 질기게 뿌리박고 사는 백성들의 힘이었다.

이순신 장군을 포함하여 민초들, 즉 단군의 겨레들이다.

최근의 일로는 1998년의 IMF 사태만 보더라도 청천벽력 같은 국가위기가 닥쳤을 때, 정치가들은 국고를 텅 비워놓고도 입만 살았지만, 대한민국 국민들은 장롱 속에 묻어두었던 할머니의 금비녀와 가락지…… 가장 애지중지하던 여인들의 노리개와 심지어 아기 돌 반지까지 내놓자 외국인들은 또 한 번 대한민국을 경이의 눈으로 바라보게 되었다.

이것이 대한민국 국민들의 나라 사랑이다.

누가 가르쳐 주지도, 시키지도 않았건만 우리의 피 속에는 나라를 사랑하는 피 끓는 그 무엇이 있었으니 그 근본이 곧,

국가에는 충(忠)! 부모에게는 효(孝)!

즉 사람의 도리를 가르치는 유교가 결국은 나라를 살렸으니 참으로 아이러니라 하지 않을 수 없다.

2015년 봄. 그리스에도 우리가 겪었던 금융위기가 왔지만 그들은 결코 우리처럼 금 모으기 운동 같은 일은 하지 않았다.

배달의 겨레라는 말이 그냥 나온 것은 아니다.

참으로 내 이웃과 더불어 살아가려는 홍익인간의 국가이념이 몸속에 절절이 배어 있는 민족이다.

4월 13일 월요일 / 7일째

아마 삼우제(三虞祭)를
엄마 산소 옆 월명사에서 지내겠지.
1남 5녀였던 우리 형제자매도
오빠를 비롯해 언니 둘과 나까지 4남매였는데,
이제 오빠 가면 달랑 3자매만 남는다.

식솔을 거느리는 장성한 아들 셋,
형님하며 따라 주었던 친구들과
그리고 많지 않은 일가친척.
진심으로 오빠는
이들을 사랑하고 이끌어주었는데…….

그래도 오빠는 좋겠다,
영원히 엄마와 함께 할 수 있어서.

처음 쓰러졌을 때 첫째가 그랬다.
아버지는 수목장을 원했다고.

죽어서도 자식에게 폐가 되지 않으려는
그 마음을 자식들은 알까?
바닷가 고향 동네가 내려다보이는
엄마 산소 아래 뿌렸겠지.

시대가 변하여 장례도 제사도 180도로 변해 버린 이 시대.

수천 년 이어온 전통이 단 몇 년 사이에 단칼에 무너지는 현실이 되었다.

누가 나를 위해 밥 한 그릇 떠놓고 기려줄까?

제가 낳은 자식들도 타지에서 올 수 없는 상황들과 벌초도 해줄 수 없는 세태를 받아들인 울 오빠.

그래서 언제인가 부모 제사도 합치자 했을 때 아직은 오빠가 살아 있고 우리들도 있다며 도리어 오빠의 그런 생각을 나무랐는데, 이렇게 가다니…….

제주(祭主)가 세대를 넘어 장남에게로 가면 이제 엄마 아버지 제사도 첫째가 살고 있는 사천에서 지내겠지.

알몸으로 왔다가 한줌의 재로 변하는 허망한 인생!

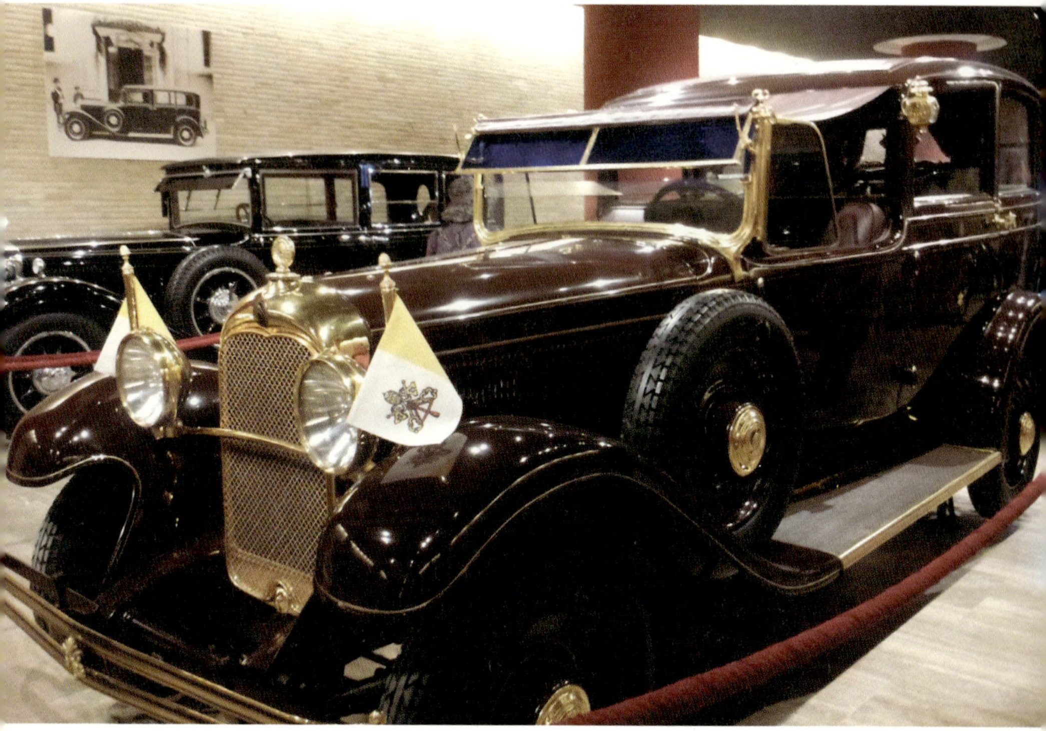

아침 일찍 나서서 가톨릭의 총본산인 바티칸 입구에서 줄을 섰다. 총기 있는 김 가이드의 007 작전이 성공하여 1시간 안에 입장하자 김 가이드는 우리보다 더 좋아한다.

교황이 탔다던 6두 마차며, 번쩍이는 최고급 자동차들. 교황이 황제보다 더 높은 실세로 면죄부를 팔아야만 했던, 종교라는 이름으로 눈을 가리고 입을 막았던 시절, 신만을 위하였으니 암흑기가 분명했다.

그러나 조선은 유교라는 이상을 실현하려 했던, 물질보다 정신적 가치를 더 높은 자리에 올려놓았으니 문화대국이다.

천지창조, 최후의 심판 등 걸작들이 걸려 있는 시스타나 예배당을 거쳐 점점 인간 중심의 르네상스 시대로 접어들며 베드로 성당에 떠밀려 들어가 미켈란젤로의 첫 작품인 <피에타상> 앞에 섰다.

우리에게는 김기덕 감독의 영화 <피에타>가 더 낯익다. 중세 신을 위하여 존재하던 시대로부터 서서히 인간 중심으로 변하면서 많은 작가들에 의해서 피에타 조각품이 만들어졌으나 그 중에서도 단연 미켈란젤로의 피에타가 최고의 걸작이라 한다.

십자가에 매달려 피 흘리시며 우리를 구한 부활하신 신의 존재에서 과감하게 탈피하여 이미 숨이 끊어져 목과 팔, 다리가 축 늘어진 인간 예수의 모습을 형상화하여 자신의 무릎 위에 올려놓고 망연자실 내려다보는 성모 마리아.

그 눈빛 속에 허망과 비통, 애통함과 간절한 어미의 마음이 느껴진다.

피에타=자비를 베푸소서!

오빠를 잃고도
갈수도, 볼 수도, 만질 수도, 울 수도 없는
지금의 내 심정이 성모 마리아보다
더 통탄스럽고 비통하니 더욱 목이 멘다.

오후의 로마는 우리의 한여름 같았다. 영화 <로마의 휴일>을 따라 진실의 입에 손도 넣어보고 그레고리 팩의 표정도 따라해 보고, 우리 손엔 어느새 오드리 헵번이 들었던 젤라또 아이스크림이 들려 있다.

따가운 햇살도 마다않고 트레비분수를 내려다보는 계단에 앉아 젊음을 만끽하는 낭만들이 부럽다.

마침 새하얀 롱드레스를 입은 신부와 신랑이 나타나 키스 장면을 연출하자 모두 아낌없는 박수를 보내면서 환호한다.

아! 이게 젊음인가보다.
돌아올 수 없는 아련한 그 시절.

예전에 누군가가 그랬다.

오드리 헵번이 왜 그 긴 머리를 싹뚝 잘라 동그랗게 만들었는지 로마에 와 보고서야 알았다고 했다. 항상 궁금했었는데 와서 보니 이해가 되었다.

이곳 가로수는 소나무로 일정한 높이(20m 정도)까지 자라면 가지를 쳐서 동그랗게 만든다. 시간이 지나면서 윗부분이 서로 맞닿아 그늘을 만들어 아주 보기 좋다. 그 그늘 사이로 마차를 타고 달렸으니 '모든 길은 로마로 통한다.'는 말이 실감났다.

우리는 다른 나무들은 다 목적에 따라 취향에 따라 가지치기를 하지만 빨리 자라지 않아서 그런지는 몰라도 소나무만은 가지치기를 하지 않고 생긴 그대로 관상하는데, 로마에 줄지어 늘어선 소나무는 가로수로서 아주 품위가 있다.

로마의 대표적 유물 콜로세움.

2000년 전의 과거가 오늘에 와 있어도 전연 거부감이 없는 문명사회. 잘 보존하고 과거와 거슬리지 않도록 보수하는 지혜가 모든 길이 로마로 통하는 번영으로 이어진 것 같다.

MVSEI VATICANI

4월 14일 화요일 / 8일째

마지막 관광 일정은 폼페이.

멀리 베수비오 산을 바라다본다.
축지법으로 시간을 당기고 늘려야겠다.

주몽이 고구려를 세우기도 전이었던, 단군왕검의 나라 고조선 시대에 이들은 5만 5천 명을 수용할 수 있는 원형경기장을 짓고 수도 시설과 마차 등을 이용한 선진국이었다고 한다.

고구려의 무용총 벽화로 알 수 있듯이 우리도 역시 선진 문명국이었던 것으로 자존심을 세운다. 수레를 단 마차를 타고 평양에서 고비사막을 거쳐 이스탄불에 이르기까지 무역을 하며 번성했던 사실이 유물, 유적, 문헌을 통하여 알려져 있다.

다만 수많은 외적들의 침입을 받은 역사 속에서 번성했던 문명을 잘 지켜내지 못한 것이 우리의 죄라면 죄다.

이렇게도 해석해 본다.

피비린내 나는 고려의 무신정권이 결코 태평성대의 사람다운

생활이 아니라는 것을 깨달았던 우리 선조들은 조선을 건국하면서 칼인 무(武)의 힘보다 붓의 힘,

곧 문(文)으로 세상을 다스리려 했고, 공자의 가르침으로 이상향을 실현하고자 하였다.

그러나 안타깝게도 문무(文武)를 조화롭게 발전시키지 못하고 문(文)에 치우치는 바람에 결국 건국 200년 후인 1592년에 임진왜란을 맞으며 국가의 위기에 처하고 만다. 힘없는 평화의 허상(虛像)이 현실로 입증된 셈이다.

이순신장군은 『난중일기』에서 군사를 배불리 먹이고 사기를 돋우기 위한 부국강병의 조치로 한산도에서 직접 농사를 지어가며 군사훈련을 했으니 그 어려움이 얼마나 컸을까!

반대로 당시의 일본은 무사들의 힘인 무(武)를 숭상했고, 그 힘이 결국 조선(朝鮮)으로, 명(明)으로 치닫게 되었던 것이 임진왜란이다.

1894년의 청일전쟁과 1905년의 노일전쟁에서 청나라와 러시아를 이겨 식민 수탈의 대열에 끼어든 일본은 35년간 우리나라를 짓밟았고, 1941년 미국 하와이의 진주만 습격으로 태평양전쟁을 일으켜 온 지구상에서 환영받지 못할 전범으로 치달았다.

그것도 모자라 지금 일본의 아베 정권은 다시금 평화헌법을 '침략을 할 수 있는 나라'의 헌법으로 뜯어고치기 위해 속도전을 벌이며 애를 쓰고 있다.

이것이 일본이다. 누가 일본을 정직하다고 말하는가! 목적을 위해서라면 온통 거짓말투성이 나라인 것을. 그리고 역사를 미화하고 뜯어고치는 데는 이력이 붙어 있다.

거짓말도 자꾸 하다 보면 스스로도 실제인 양 혼동한다. 백만 년 전의 유물이라느니, 임나본부설이니, 광개토대왕의 비문까지 조작하여 고구려가 일본의 속국이었다느니, 독도가 자기네 영토라느니…… 그러면서도 위안부는 없었다는 것이 그네들 정부의 공식 입장이란다. 참으로 두 손으로 하늘을 가리려 하며, 또 언제 우리를 향하여 침략의 야욕을 드러내며 미사일을 쏠지도 모르는 형국이 되어가고 있다.

임진왜란이 끝난 후에 더는 당하지 말고 힘을 기르라며 서애 유성룡은 『징비록』까지 써서 남겼건만…… 일본이 오히려 그것을 더 잘 실천했으니 통탄할 일이다.

대마해전(對馬海戰)으로 불리는 1905년의 러일전쟁 당시 러시아의 군함이 아프리카의 희망봉을 돌아서 태평양을 지나 블라디보스토크로 항해 중일 때, 일본은 이순신장군의 유비무환을 위한 3가지 덕목을 실천하고 있었다.

1. 길목 지키기

이순신장군은 풍신수길이 죽자 왜군의 급박한 마음을 알아챘다. 시간이 많이 걸리지만 안전한 먼 바다로 철수하지 않고 가까운 퇴로인 노량을 선택할 것이라는 사실을 간파하였기에 노

임진왜란시 조선 수군의 주력함
판옥선(板屋船, 18세기)
임란시 조선 수군의 기함(flagship)
조선 중종 때에 일본 왜적을 막기 위해 개발된
조선령 전함으로 임진왜란 때 이순신 제독이
일본수군을 격파하는데 큰 공을 세웠다.
길이 : 32m
너비 : 12m
대노(大櫓) : 18개
부산지방해양항

량을 지켜 비록 장군은 목숨은 잃었으되 세계에 우뚝 서는 4대 해전사(海戰史)에 그 이름을 올리고 성웅으로 추앙받게 되었다.

참고로 세계 4대 해전은 1592년 조선수군이 왜군을 대파한 이순신의 한산대첩, 1805년 나폴레옹의 트라팔카해전, B.C 430년 페르시아에 승리를 거둔 그리스의 살라미스해전, 1588년 스페인과 지중해 패권 다툼을 벌였던 영국의 칼레해전을 꼽는다.

2. 학익진

이순신이라는 이름만 들어도 왜군은 간담이 서늘한데, 맨 앞의 대장선에 직접 선봉으로 나섰으니 얼마나 겁이 났겠으며, 그러던 이순신이 후퇴하니 또 얼마나 좋았을까! 뒤쫓아 오는 왜적의 배들을 360도 회전이 가능한 판옥선으로 학의 날개를 펼치듯 에워싸고는 신무기인 현자총통과 지자총통을 쏘아대니 왜적은 또 계략에 걸려들었다.

조선 수군의 배였던 판옥선에 대해 알아보자. 왜군의 배보다 크고, 못을 사용하지 않아 무겁지 않으며, 탱크처럼 360도 회전이 가능하였기에 학익진으로 빠른 시간에 전후좌우를 자유자재로 움직여 한산대첩을 승리로 이끌 수 있었다. 이를 3분의 1로 축소하여 만든 배가 곧 거북선이니 이는 해전사에 길이 빛나는 세계 최초의 발명품 철갑선이다.

3. 정보망 구축

이순신은 항상 탐후선(探候船)을 내보내 서해에서 일본으로 향하는 적의 움직임을 세세히 살폈으며, 또한 먼 바다의 적의 동태도 손바닥에 놓고 보듯 소상하게 관찰하였던 것을 난중일기를 읽어보면 알 수 있다.

대마해전에서 러시아 군함을 격퇴시키고 난 다음,

승전(勝戰) 기념식에서 도고 헤이하찌로가 했다는 말은 뿌듯하면서도 참으로 가슴이 아프다.

"나는 영국의 넬슨 장군과 비교할 수는 있어도 조선의 이순신과는 비교도 할 수 없다. 나는 국가의 지원 아래 식량이 든든했고, 불타는 의지의 군사력이 있었다, 그러나 이순신에게는 병력도, 식량도, 특히 국왕인 선조의 미움으로 국가의 도움이 없었음에도 불구하고 23전 23승을 거두었다. 이순신과 나를 비교하지 말라. 나는 그의 발바닥에도 못 미친다."

도고 헤이하찌로가 실천한 이순신장군의 덕목은 다음과 같다.

1. 길목을 만들어 지키고 있었다.

대마도의 서쪽과 동쪽 가장 가까운 거리를 파나마운하처럼 군함 1척이 다닐 수 있도록 파고 물길을 내어 배가 왕래할 수 있도록 하였으니 러시아군은 이 사실을 알 리가 없었다. 더욱이 6개월이라는 긴 항로에 지쳐 대마도 근처의 해역에 와서도 일본

군이 조선의 진해만에 있을 거라고 판단하여 무전 교란조차 하지 않았다고 한다. 그 길목이 만제키바시(만제교),

즉 우리의 노량(露梁)인 셈이다.

지금은 그 위로 다리를 놓아 차량들이 오고가니 '만제키바시'라는 다리다. 대마도는 지리적으로 우리와 더 가까우며, 해운대에서도 맑은 날은 아주 가깝게 보인다. 세종 때에 이미 우리가 정복했던 땅이나 현재 일본 영토로 잃어버린 땅, 구한말 망국의 한이 어리는 덕혜옹주의 삶이 서글프게 다가온다. 2014년 겨울 대마도의 그 빨간 '만제키바시'를 걸어보는 심정이 그리 유쾌하지는 않았다.

2. 학익진과 T자 전법

러시아함대가 대마도의 중심부로 올라오자 갑자기 서쪽에서 동쪽으로 나온 일본 배들이 러시아함대의 앞과 뒤를 왔다 갔다 하면서 교란작전으로 러시아군의 전열을 흩트려 놓았는데,

저들은 이를 'T자 전법'이라 한다.

3. 정보망 이용

이는 진주만의 습격에서도 알 수 있듯이 하와이의 병원이나 관공서 등에 습격 당일의 날씨를 묻는 전화가 유독 많았다고 했는데, 나중에 조사해보니 일본군은 먼 바다에서 러시아 함대의 이동경로를 예의 주시하였다. 함대가 상하이로 석탄을 공급

받기 위해 정박한다는 것은 곧 대마도 쪽으로 올라온다는 사실로 받아들이고 작전에 돌입하여 그 당시 세계 최강의 러시아 함대를 무찔렀으니 기고만장이 아니고 무엇이랴!

우리로서는 참으로 안타까운 일이 아닐 수 없다.

그러나 이상을 현실에서 이루고자 했던 우리의 선조들은 우선은 당한 것 같고 피해의식으로 그 고통은 말할 수 없었으나 정신은 참으로 훌륭하였으니, 인도의 성자 타고르는 일찍이 우리의 우수성과 잠재력을 알아보았다.

'조용한 아침의 나라가 세상의 등불을 밝히는 날 오리라'고

타고르가 읊었던 시(詩)를 암울했던 시대에 우리를 위로했던 희망의 메시지라고만 생각했는데, 그 예언은 100년도 채 안 되어 현실이 되었으니 타고르의 혜안이 그저 놀랍기만 하다.

IT강국으로 삼성, LG 등 우리의 기업체들이 세상을 밝히고 있다. 핵무장에 힘쓰는 북한과 달리 우리는 인공위성을 생활 구석구석에 활용하여 그 어떤 시대보다 IT산업의 혜택을 보면서 살고 있다. 스마트폰만 있으면 다 해결되는 IT 천국이다.

소박한 시민으로서 버스를 기다릴 때 몇 분 후에 정류장에 몇 번 버스가 도착하는지 알 수 있을 정도이니 얼마나 신기한가? 또한 스마트폰이 주는 정보는 무궁무진하다. 이러한 모든 정보화시대의 첨단기술이 세계 최고요 최강이라 하니 우리의 저력이 경이로울 뿐이다. (조선일보, 2016.12.8(목) A33)에 의하면 한국정보통신기술이 세계 1위라 한다. 자랑스럽다.

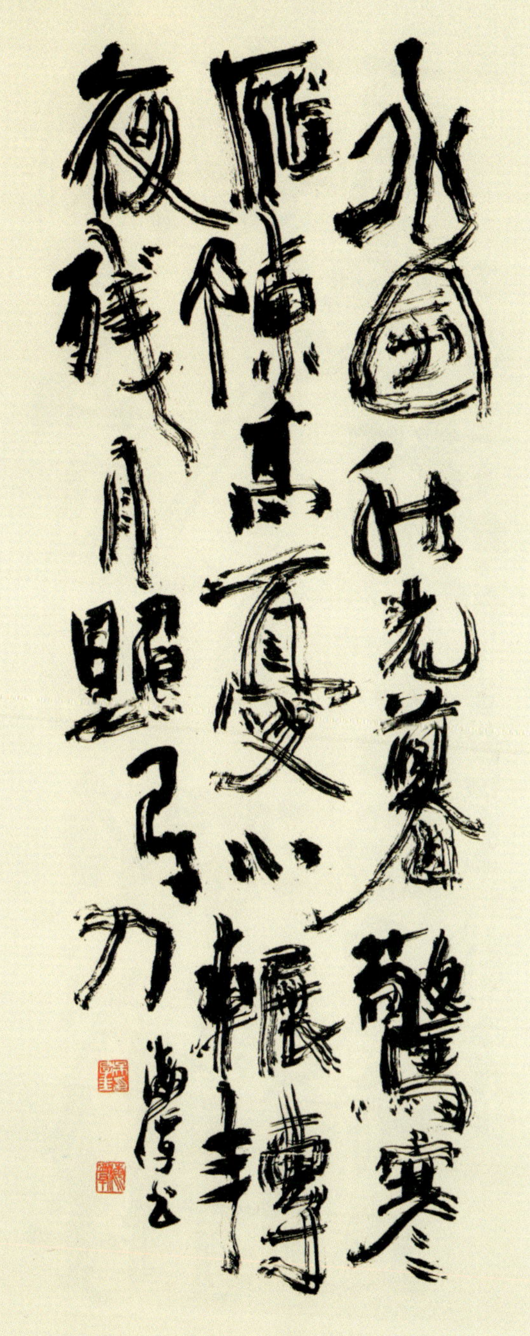

〈작품 44〉 閑山島 夜吟(한산도 야음)
李舜臣(이순신) 50×125㎝

水國秋光暮 驚寒雁陣高 (수국추광모 경한안진고)
憂心輾轉夜 殘月照弓刀 (우심전전야 잔월조궁도)

물나라 가을 깊어 기러기 울며 날 새
나라 생각 잠이 안와 애태우는 이 밤에
새벽달 창에 스미어 활과 칼을 비추네.

大丈夫(대장부)란 단어는 〈맹자〉에 자주 나오는 위대한 인간의 모습이다. 호연지기로 무장하고, 부동심으로 흔들리지 않는 마음을 갖고 사는 대장부. 남을 포용할 때는 바다와 같고, 자신의 주장을 관철할 때는 창끝과 같은 대장부의 철학은 옛날 밥상머리에서 우리의 어머니들이 자식들에게 늘 들려주던 이야기였다. 그래서 대장부는 스스로 반성해서 옳다고 생각하면 천만 명 앞에서라도 당당히 맞설 수 있는 기개가 있으며, 스스로 반성해서 옳지 못하다고 생각하면 천한 사람 앞에서라도 잘못을 시인할 수 있는 사람이다. 오늘날은 정말 대장부가 필요한 시대이다.

〈작품 48〉 閑山島(한산도) / 李舜臣(이순신)
57×130㎝

閑山島 月明夜 上戍樓 (한산도 월명야 상수루)
撫大刀 深愁時 (무대도 심수시)
荷處一聲差 笛更添愁 (하처일성차 적갱첨수)

한산섬 달 밝은 밤에 수루에 홀로 앉아
큰 칼 옆에 차고 깊은 시름 하는 차에
어디서 일성호가는 남의 애를 끊나니

이 작품은 이순신 장군의 마음을 가장 잘 나타내었기에 해담 오후규 교수의 미술서예 (2016.12.28~31. 부산 학생교육 문화회관 갤러리) 중 70p, 77p를 발췌하여 인용하였음.

그렇다. 우리는 칼 대신 붓으로 미륵정토를 가꾸고자 하였다. 외세의 침략을 방어는 하려고 했지만 일본처럼 저급하게 칼로 힘으로 정복하려 하지 않았다. 이는 바로 홍익인간(弘益人間) 사상으로 세상을 널리 이롭게 하여 더불어 살아가는 낙원으로 만들고자 하였으니 참으로 귀한 생각이다.

특히 오늘날,

'한류(韓流)'라는 이름으로 우리의 문화가 영화, 드라마, 음식, 음악 등 다양한 분야에서 세계인들의 사랑을 받는 것은 다 우리의 근본이 가장 사람다움에 있기 때문이 아닐는지…….

그런데 북한은 군인의 숫자로 1위라 한다. 결코 핵을 포기하지 않을 텐데 우리는 햇볕정책으로 막 퍼주다가 핵탄두가 한반도를 넘어 세계를 겨냥하는 형국이 되었다. 촛불시위가 도를 넘어 횃불시위로 여차하면 청와대를 향하여 던질 기세다. 백성이 궁궐에 불을 지른 때도 있긴 있었다. 임진왜란 당시 선조도 신하도 백성을 버리고 임진나루를 건넜을 때 서울을 점령한 왜군은 조선 궁궐의 아름다움에 차마 불을 지르지 못하고 사흘을 머뭇거리다가 분노하는 조선의 백성들을 부추겨 결국 노비들이 앞장서서 궁궐을 불태웠던 사실은 참으로 안타깝기 그지없는데 21c 오늘날 또다시 우리 손에 촛불과 횃불이 들려있음에 경악할 일이다. 절대 우리 손으로 횃불을 던져서는 아니 된다. 이는 대한민국의 정통성을 뿌리 채 뒤흔드는 행동으로 제발 모두 정신을 바짝 차려 국익을 생각할 때다.

말(馬)이 자동차로, 비행기로 바뀌었을 뿐 예나 지금이나 무에 달라지랴! 먹고, 입고, 자는 것이…….

거리에 있는 집들이 대부분 5~600년은 된단다. 환경에 순응하면서 살 수밖에 없는 인간은 참으로 지혜롭다. 이들은 석회질로 이루어진 무른 대리석을 온갖 환조(丸彫)·부조(浮彫) 작품으로 생활에 활용하여 예술로 승화시켰다.

그러나 단점은 굳어지면 돌이 되니 햇빛으로 데워진 실내는 더웠다. 그러니까 모두 광장으로 나와 쉴 새 없이 이야기하는 모양이다. 여름에는 해가 우리보다 훨씬 뜨겁고 길어서 덧창이 필요했으니, 노천카페에 앉아 광장문화가 이루어진 것이다.

여름이 긴 데다 덥고 에어컨은 없으니 일사병으로 죽는 사람들이 많았다고 한다. 흑사병을 두려워하는 이유를 알만 했다.

우리는 흙과 기와로 집을 짓다 보니 겨울엔 따뜻하고 여름엔 시원하다. 그러니 밖으로 나가기보다 사랑방문화가 발달되었음직하다. 곰방대 물고는 글 쓰고 난(蘭)을 치고…….

대리석과 목조의 차이다.

나무를 사용하다 보니 특히 전란을 당하면 모두 소실되어 5~600년 가기가 어려웠을 뿐이니 참으로 안타깝다.

그러기에 한낱 단단한 돌덩어리에 불과한 것을 정으로 일일이 쪼아 만든 석굴암 부처상의 그 미소와 늘어진 옷자락에서 느끼는 인고의 예술에 더 애착이 간다.

섬세한 붓질이 아무리 많았다 한들 루브르 박물관에서 본 모나리자와 비교할 수 있으랴. 대리석 작품보다 더 우월하고 깊은 멋이 우러나는 우리 장인(匠人)의 솜씨가 더 자랑스럽다고 느껴졌다.

기온의 영향을 피부로 느낀 것은 미용 올리브유 덕분이다.

부산에서는 하얗게 굳은 미용 올리브유를 가져갔는데, 특히 로마에서는 다 녹아서 액체가 되었다가 돌아온 부산 땅에서 다시금 하얀 고체덩어리가 된 것을 보면 그곳이 훨씬 더 덥다는 것을 알 수 있다.

마차가 다니던 길, 하마석, 공동수도 시설, 공중목욕탕 등…… 2000년 전의 모습이라기엔 오늘날의 모습과 별반 다를 바가 없다. 그 중에서도 공중목욕탕의 천장과 바닥의 화려하고도 섬세한 무늬들을 보니 디자인의 근본 개념에서 이탈리아가 세계의 중심임을 알만 했다.

천장에 올라붙은 물방울이 바로 떨어지지 않고 벽을 타고 내려오도록 만든 모습들 속에서 과학과 미술을 절묘하게 조화시켜 나간다는 것을 느꼈고, 그런 사소한 것 같으면서도 한 발 앞선 감각이 결국 세계를 주도하고 있었다.

시공을 초월하여 거기 앉아 있어도 거슬릴 것이 없었다. 더욱이 바닥은 1cm 크기의 정방형의 다양한 모자이크 무늬로 꾸며져 있었다. 집의 벽면은 10cm 정도인 모자이크로 꾸며졌는데, 누워 있다가 바로 덮친 화산재, 먹다가 당한 모습들……

이 모두가 일상 중에 멈추어버린,

정지된 영화 속의 장면 같은 찰나들이다.

이 역시

우째 이런 일이!

한 마디로 '맘마미아'였다.

4월 15일 수요일 / 9일째

처음 인천공항을 출발할 때는 여행의 설렘이었는데,

불과 열흘 만에 인천공항으로 돌아오는 비행기에서는 눈물과 후회와 통한이었다. 이렇게 돌아올 줄 어떻게 짐작이나 할 수 있었으랴! 이 하늘 어딘가에 사랑하는 오빠의 영혼이 있어 동행한다고 생각하니 그나마 위안이 되었다.

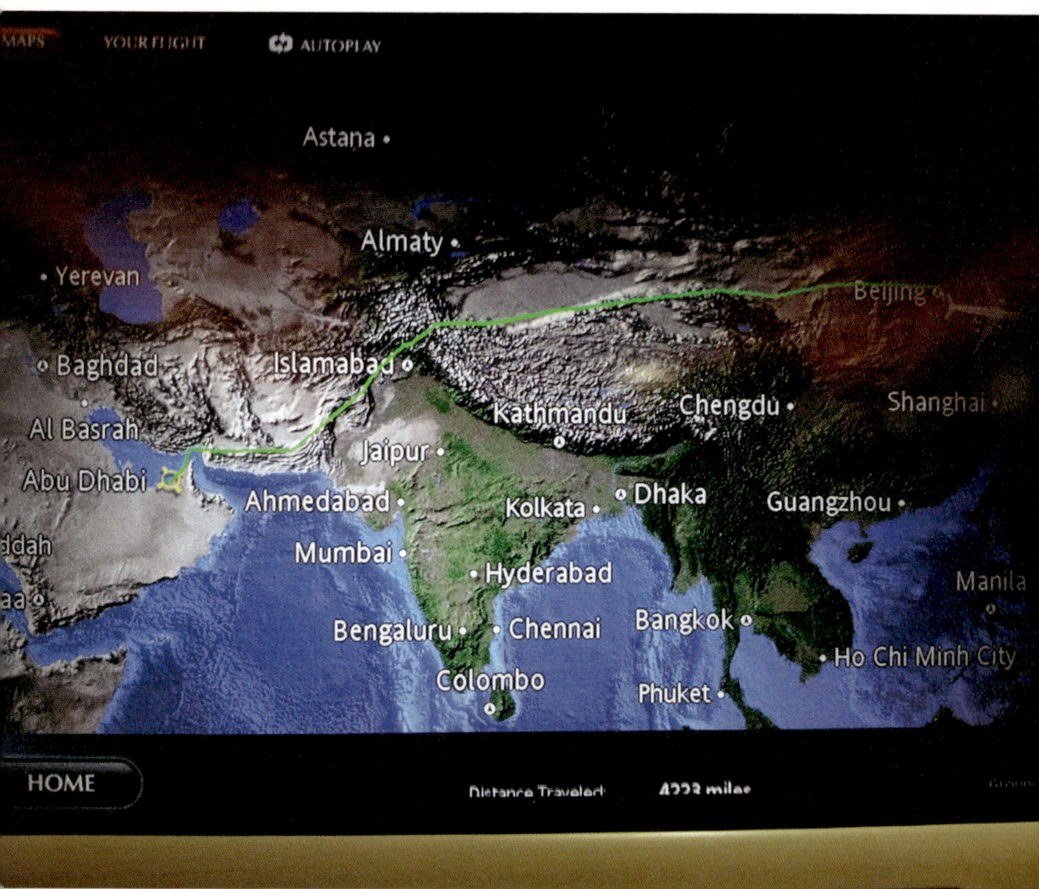
MAPS
YOUR FLIGHT
AUTOPLAY
Astana
Almaty
Yerevan
Beijing
Baghdad
Islamabad
Al Basrah
Kathmandu
Chengdu
Shanghai
Jaipur
Abu Dhabi
Ahmedabad
Kolkata
Dhaka
Guangzhou
Mumbai
Hyderabad
Manila
Bengaluru
Chennai
Bangkok
Ho Chi Minh City
Colombo
Phuket
HOME

4월 16일 목요일 / 10일째

그렇게도 오지 않던 비가 내린다.

인천공항으로 올라갈 때의 단비는 즐겁기만 했는데

불과 열흘 후 인천공항에서 부산으로 리무진을 타고 돌아올 때

차창을 때리는 비는 피눈물이다.

이런저런 생각에 만감이 교차할 때

첫째에게서 문자가 왔다.

'아버님이 큰 선물을 주고 가셨습니다.

셋째가 박사학위 최종 관문을 통과하였습니다.'

아! 울 오빠가 가장 큰 기대를 걸었던 셋째.

그 장래에 대하여 아버지로서

한 치의 오점도 남기지 않으려 애썼던 노력을 나는 안다.

그 어렵다던 고려대학교 경제과 박사 탄생.

셋째도 아버지 맘을 알겠지요.

누구보다 잘할 겁니다.

제 2부

/ 울 오빠 이렇게 살았었다

아버지에 대한 기억, 그리고 띠 동갑인 울 오빠 /

고일영(高日英).

1938년생 호랑이띠로 78세.

띠 동갑인 울 오빠.

요즘 한창 뜨는 '국제시장' 영화의 '덕수'처럼 일찍 잃은 아버지를 대신하여 우린 가장으로 떠받들고 살았다. 멀지도 않았던 그 고향을 떠나올 수밖에 없었던 사연들.

역사의 소용돌이 속에서…….

어릴 때 아버지 무릎에서 사자소학, 명심보감 등을 배웠다고 했다. 그 힘든 상황들을 불과 20대 초반에 가장(家長)의 무거운 짐을 진 채 의연하게 대처해 나갈 수 있었던 것은 아버지께 배우고 물려받은 사람의 도리를 몸으로 익혔기 때문이라는 생각이 든다.

일제 말기,

우리 집 마당 앞에 있는 채전(菜田) 밭을 남겨두고 장터로 내주었는데, 장터는 당시로서는 모든 사회 정보의 구심점 역할을 하였다.

장터 건너편 학교 강당에서 어른들을 모아놓고 연설회가 열리면, 마지막에 아버지가 하얀 두루마기 차림으로 마이크를 손에 잡고서 뭐라고 이야기하시곤 했는데, 대여섯 살 먹은 아들은 연단 아래서 그 모습을 올려다보고는

그런 아버지가 한없이 자랑스러웠다던 울 오빠.

아마 그런 것들이 살아오면서 만난 숱한 어려움도 헤쳐 나올 수 있었던 원천이리라. 집안에서는 호랑이 삼촌으로 불리며 잘못했다가는 모두 그 앞에서 발발 떨어야 했다.

울 아버지는 정갈하셨고, 마당에 함부로 침을 뱉거나 운동화를 꺾어 신거나 어른 앞에서 다리를 꼬고 앉거나 했다가는 불호령이 떨어졌기에 오빠 친구들도 우리 집 대문에 들어서면 항상 긴장했다.

먹고 살기도 힘든 시절에 동네에서 신문을 보던 집이 별로 없었다. 그러니 신문지인들 얼마나 귀했겠는가.

아버지는 어린 내가 코풀고 뒤를 닦을 때 종이가 뻣뻣하면 살갗이 벗겨진다고 시간 날 때마다 색종이 정도의 크기로 자르고 문질러서 부드럽게 만든 신문지를 상자에 담아두셨다.

아버지는 엄했지만 또한 자상하셨다.

나는 별로 말이 없었다.

아무 말을 안 해도 심심하다는 생각을 해보지 않았다.

그런 나를 보고 어른들은 '자는 암되서…'라고 표현했다.

여름날 아침이면,

채송화 꽃봉오리가 언제 활짝 피는지

쪼그리고 앉아서 들여다보고 있으면 아침밥 먹자는 소리에 뛰어가서 얼른 밥을 먹고 나오면 그 사이에 채송화는 언제나 활짝 피어 있었고 그 모습이 신기하여 '오늘은 꼭 보리라'고 벼르며 아침마다 쪼그리고 앉아 보았으나 한 번도 봉오리가 활짝 피는 것을 보지 못하였다.

어른이 되어 칼라 tv에서 순간에 꽃이 활짝 피는 영상을 보면서 재미있었던 나만의 옛 기억을 떠올리며 혼자 웃는다.

채송화 앞에 쪼그리고 앉아 내 눈으로 기어이 꽃망울 터지는 모습을 보려던 그 꼬마가 아른거린다.

앞집 뒷방에 세 들어 살던 아줌마가 끼니를 거르는 것을 보고 아버지가 순이 언니한테 밤에 살짝이 그 집 앞에 쌀 1말을 놓아두고 오라했으며 절대로 남에게 말하면 안 된다고 했다한다.

다음날 그 아줌마는 잘 사는 친척이 쌀을 주고 갔다면서 언니한테 자랑하는 것을 아무 대꾸도 하지 않았다한다.

우린 그랬다.

필요 없는 이야기는 하지 않았다.

아마도 아버지의 그런 정신을 누구보다도 오빠가 잘 이해하고 실천하였던 것 같다.

국민학교 1학년.

책가방도 귀했던 시절이다.

대부분 보자기에 책을 싸서 짊어지고 다녔기에 양철 필통의 몽당연필은 주인이 뛰면 덩달아 소리 내어 같이 뛰고 주인이 걸으면 같이 조용하던, 요술책가방을 메고 다녔다.

행여 비가 오는 날이면 책가방을 옷 안에 넣어서 메고 달려 그래도 책만은 비에 젖지 않게 하려고 했던 그 순박하고 순수했던 시절, 지금 생각하면 피식 웃음이 난다.

누구라 할 것 없이 그렇게 힘들었던 시기에 아버지는 빨간 가죽으로 된 메는 가방을 사 주셔서 나는 그걸 아끼면서 3학년 때까지 메고 다녔다.

어린 내가 학교에서 힘들게 공부하고 왔다며 먹고 싶은 거 사 먹으라고 매일 어디서 구해 놓으셨는지 칼칼한 새 돈 빨간 색의 1원짜리를 주셨다.

그때야 기껏 군것질이 눈깔사탕이었고, 1원 주면 왕 눈깔사탕 4개를 사 먹을 수 있었다. 나는 그 새 돈을 쓰기가 아까워서 책갈피에 모았다가 공책도 사고 연필도 사고 시험지도 샀다.

지금 생각해 보니, 무엇을 버리고 어떤 것을 간직해야 하는지를 인생의 막바지에 와서야 깨닫다니 참 어리석기 그지없다.

'그 빨간 돈 10장쯤 잘 보관하고 있었더라면…….' 하고 후회를 해본다. 나도 어른이 되어 하나 있는 아들에게 그리 해야지 했으나 실천하지 못했다.

부모님의 지극정성이라는 말없는 감화가 오늘의 나를 있게 하였으니 말보다 진한 무언의 가르침이었다는 생각이 든다.

또 기억나는 것이 있다.

오빠가 군복무를 하던 중학교 시절이었다. 내 공부방은 다다미 2장반에 앉은뱅이책상 하나만 달랑 있는, 식구들이 막내인 날 위해 내준 길가 쪽의 작은 방이었다. 다다미방이니 방에 불도 들어오지 않았지만 이제야 공부에 재미를 붙여 외투를 둘러메고 앉은뱅이책상에 앉아 있곤 했다. 그때 쓰던 탁상시계가 생각난다.

전교 1등이라고 상으로 받은 것인데,

태엽을 감아야 돌아가는 탁상시계였다. 따뜻한 방의 이불 속에 발을 넣는 순간 잠의 유혹을 뿌리치기가 어려워 앉은뱅이책상 앞에 앉아서 손을 호호 불어가며 공부했다.

탁상시계를 여름날 저녁 5시에 맞추고 태엽을 감아두면 온 동네를 깨울 만큼 우렁차게 울렸고, 전화벨이 울리는 줄 알았던 자명종 소리는 우리 집과 동네의 자랑거리였다.

시간이 틀리지도 않고 잘만 가던 탁상시계도 언제 어디서인지도 모르게 내 인생을 도둑맞듯 내 손에서 놓치고 말았다. 지금도 태엽만 감아주면 흐트러지는 마음을 바로잡아주면서 정신 차리라고 '째깍째깍' 잘도 돌아갔을 텐데…….

그나마 간직한 것이 있다면, 벼루집이다.

국민학교 2학년 때, 벼루는 습자시간이라고 했던 서예시간의 준비물이었나 보다. 벼루를 신문지에 둘둘 말아 학교에 가시고 다니는 것을 보신 아버지께서 "여자가 단정해야 한다."며 벼루집을 짜 주셨다. 벼루집이 있었던 아이는 아마도 나뿐이었던 걸로 기억된다.

몇 번의 이사 통에 뚜껑은 어디로 갔는지 없지만, 통은 아직도 보관하면서 그 속에 나의 자질구레한 서예용품을 넣어두고 있다. 어릴 때 마루에서 붓으로 글씨를 쓰시던 아버지의 모습을 보아서인지 잘 쓰지는 못해도 서예 공부를 하고 있다.

어찌 보면 밥보다 귀한 정신이라는 생각이 든다.

아버지의 권위가 하늘같았던 시절이니 밥상도 독상을 받던 시절이다.

다른 식구들은 둥근 상에 모여앉아 밥을 먹을 때 나는 막내라고 놋쇠로 만든 내 수저로 아버지와 겸상을 해서 때로는 아버지의 무릎에 앉아서 아버지가 발라주는 갈치 가운데 토막을 먹으면서 자랐다. 그 아버지가 10살 때 돌아가셨으니 나에게 아버지는 "우리 정자, 우리 정자" 하시던 좋은 기억만 남아 있다.

아버지 돌아가셨을 때 오빠는 22살, 청운의 푸른 날개를 어깨에 달고 하늘을 찌를 때이건만, 엄마와 여형제 다섯을 거느려야 하는 가장이 되었으니 삶의 무게가 얼마나 버거웠을까!

그러기에 정말 우리는 오빠를 지극정성으로 모셨다.

누가 시키지도 않았고 이렇게 해야 한다고 다그치지도 않았건만, 오빠의 말 한 마디는 곧 지상명령이었다.

기장 가서 호적초본 떼어 오라고 하면 토요일 일요일에 상관없이 2시 차로 갔다가 4시 차로 올망정 두 말 없이 그 길로 바로 나섰고 이유를 묻지 않았다. 필요하니까 시킨 것이라고 생각했기 때문이다. 그때까지만 해도 우리는 호적을 부산으로 옮기지 않았으며 불편한 현실도 마다하지 않았다.

오빠의 교복은 언제나 바지와 셔츠의 깃이 빳빳하게 잘 다려져 있었고, 언제라도 오빠가 요구하면 무엇이든 요술방망이처럼 해냈으니 저마다 말은 없어도 집안의 위계질서가 분명했다.

기억 속의 우상,
수영선수와 낚시꾼 /

어린 날의 기억 한 토막.

구덕공설운동장(지금의 구덕야구장)이 울도 담도 없던 시절, 오빠가 야외수영장에서 열린 전국 동아수영대회에서 1등으로 들어오던 모습은 아직도 잊을 수 없다. 당연히 신문에도 실렸는데, 물속에서 막 나온 수영복 차림의 웃는 모습이 어렴풋이 기억이 난다.

남부민동과 송도 앞바다가 오빠의 놀이터로 수구 선수였다. 엄동설한에 바닷물에 뛰어들면 들어갈 때는 춥지만 한참 물속에서 놀다 보면 몸이 더워져서 밖으로 나오기가 싫다 했다. 수구의 원래 명칭은 수중 축구로, 단조로운 수영 종목에서 벗어나 물속에서 손으로 공을 상대편 골문에 넣어 승패를 가리는 경기인데, 지금은 거의 찾아볼 수 없다.

옛날 송도 해수욕장.

거북섬을 가려면 구름다리를 타야 했다. 출렁이는 다리 아래 파도치는 물을 보고 흔들리면서 걷는 이 다리는 출렁다리로 꽤나 유명세를 탔는데 세월 따라 사라져 버린 지도 오래다.

그 옆의 다이빙대에는 수영깨나 한다는 남자들이 어른 아이 할 것 없이 총총 매달렸다. 멀리서 보면 나무에 조롱조롱 열매 맺히듯 한 그 모습이 더 보기 좋았다.

오빠는 언제나 맨 꼭대기에서 뛰어내렸고, 그 모습이 보기 좋아 모두 박수를 쳤다.

그랬던 그 오빠야.

때론 동네 사람들과 소풍가듯 송도해수욕장에 갔었다.

오빠와 그 동수오빠하며 오빠친구들은 바닷물이 가슴팍 정도까지 차오르는 곳까지 들어가서 우릴 향하여 일렬로 늘어서서 그 당시 유행했던 트위스트 춤을 추며 온 백사장 사람들에게 구경거리가 되어 같이 즐거워했다.

그러다가는 갑자기 모두가 거꾸로 잠수하더니 손에 뭔가를 가득 들고 나왔다. 지금은 구경도 하기 힘든 반짝반짝 빛나는 커다란 대합이었다. 우리들도 일렬로 늘어서서 받아서 자루에 넣으면 금세 한 자루가 찼다. 구경꾼들도 우리를 부러워하고.

오빠들이 모래속의 조개를 발이 호미 되어 파는 모습이 우리 눈에는 트위스트 춤을 춘 것처럼 보였던 것이다.

집에 들고 와서는 가마솥에 넣고 끓여 같이 즐겨 마셨던 기억이 어제만 같은데… 그러면 어른들은 "정말 시원하다."한다.

뜨거운 국물을 마시면서도 시원하다는 한국 사람들 만의 표현을 이해하지 못했었다.

지금 송도해수욕장은 현대화하여 멋진 모습이지만 우리에겐 그 옛날의 송도라야 송도다.

학창 시절,

오빠가 일광해수욕장에서 해안선을 따라 헤엄을 치면 갯가에서 나고 자라 물에 익숙한 사촌동생도 "야, 바다에 제트기 한 대 지나가는 것 같다."며 오빠의 수영 실력을 인정하고 부러워했다.

박태환 선수를 볼 때마다 궁금해서 물어봤다.

"근데 오빠는 와 수영을 계속 안 했능교?"

"팔다리가 짧다 아이가."

그러고 보니 그랬다. 박태환은 180cm 이상의 훤칠한 키에다 팔다리가 길었다. 말을 듣고 보니 172cm의 오빠를 이해할 수 있었다. 그 당시로는 결코 작은 키가 아니었지만.

수구 경기를 할 때 축구처럼 응원을 하다가 지기라도 하면 응원석에서 술병을 던져 선수들에게 화풀이를 하는 것을 아버지께서 보신 적이 있었다고 한다. 아버지는 학교로 찾아가 노발대발 "내 하나뿐인 아들 죽일 거냐?"며, 운동을 안 시키겠다고 하셨단다. 오빠 또한 자신의 핸디캡을 알고는 더 이상 선수생활을 하지 않았다.

대신 낚시에 관한 한 따라올 사람이 없는 전문가가 되었으며, 잡기보다는 즐기는 편으로 평생 바다를 끼고 살았다.

학교에서 문제가 생겨 머릿속이 복잡할 때는 언제나 낚시 통을 메고 나갔다. 낚시터에서 세월을 낚다 보면 문제를 해결하는 방법을 찾아서 돌아와 실행에 옮길 수 있었다고 한다. 낚시를 하는 또 다른 이유도 있었다. 집에 있으면 누가 불러내도 불러내서 한 잔 하지 않을 수 없으니 술친구 피하는 방법으로 낚시만큼 좋은 게 없다는 것이었다.

운동선수로 학교생활을 한다는 것이 얼마나 힘든 일인 줄 알기에 자식에게는 시키고 싶지 않다고 했으며 또 그렇게 하셨다.

「광복 후 일본이 재일한국인을 본국으로 강제송환하려하자
수영선수들은 차가운 물속에서 반대데모를 하고난 직후 찍은 사진이다.」

영화 '친구'의 주인공처럼 /

'친구'영화의 명장면인 첫 장면. 하늘도 파랗고 바다도 새파란 태종대 앞 바다 위에서 한가롭게 튜브 위에 몸을 싣고 있다.

"조오련하고 거북이하고 시합하면 누가 이기겠노?"

아시아의 물개 조오련은 곧 오빠였다.

주먹 세계에서도 "우리는 친구아이가!"로 의리와 정의를 실천하였기에 보스의 기질은 타고난 성품으로 카리스마가 있다.

친구들은 오빠보다 서너 살 적었으며, 또래가 비슷한 경우는 물론이고, 항렬이 높은 아제(아저씨)까지 나이가 더 많음에도 불구하고 오빠보고는 모두 다 형님으로 불렀으니 '친구'라는 영화가 꼭 오빠를 두고 만든 영화처럼 느껴졌다.

10살도 채 안 된 나이의 꼬맹이 때, 이사를 하여 낯선 동네에 잠깐 살게 되었는데, 텃세하는 그 동네 아이들에게 맞고는 절대로 남에게 맞고 살지는 않으리라 맹세하면서 운동을 시작했다는 울 오빠.

어린 눈에는 넓어보였던 마당이다.

설 추석 명절에 오빠와 형부가 마당에 구덩이를 파주면 널따란 널빤지를 올려놓고 언니들과 동네 사람들이 널뛰기를 하면서 즐거운 한 때를 보내기도 하였고, 변소 앞 골목에는 평행봉과 샌드백이, 대문 옆 감나무 아래에는 누워서 들어 올리도록 역기대가 있었고, 야구 방망이와 글러브, 곤봉, 아령, 줄넘기줄 등 다양한 운동기구들이 있어 오빠 친구들이 집으로 찾아와 오빠가 없어도 마음껏 놀았다.

오빠 친구들은 곤봉 3개로 두 손에서 공중놀이를 하는 거랑 쌍절봉을 흔들어대는 현란한 모습으로 우릴 즐겁게 했다. 웃통을 벗어던진 채 팔에 힘껏 힘을 주며 알통 크기를 서로 시합하며 王자 복근으로 육체미를 자랑하기도 하였다.

2단 뛰기 내기도 하였는데 수십 개도 단번에 하는 오빠들이었고 그런 모습을 보았기 때문인지 나도 줄넘기를 잘했다. 앞으로, 뒤로, 한 발로 교차하기, 오래 뛰기, 십자 등등 줄넘기로 할 수 있는 동작은 모두 할 줄 안다.

그런 연유로 1990년대 초에 5학년을 맡았을 때, 체육시간에 여러 명이 같이 뛰는 줄넘기를 나도 같이 하겠다고 들어가서 뛰다가 그만 아킬레스건이 터져 버렸다. 허벅지까지 깁스를 하는 처지가 되어 몇 달 동안 꼼짝을 못 했고, 여차하면 옳게 걷지도 못할 뻔했다. 지금은 그것이 내 교직생활 중의 영광의 상처로 남아 있다.

내가 다쳤을 때 오빠는 생선회가 몸을 빨리 회복시킨다고 일부러 낚시를 가서 고기를 잡아와 직접 포를 떠서 나에게 먹이기도 하였다.

“오빠도 좀 잡숫지요”하면

“나는 낚시 가서 또 잡아오면 된다”며

한 점도 뜨지 않고 나에게 다 건넨 오빠다.

생각하면 목이 멘다.

오빠는 유도 선수나 야구 선수를 비롯하여 이름만 대면 웬만한 사람은 다 알만 한, 내로라하는 전국의 운동선수들을 친구로 삼아 어울렸다. 태권도 유단자였던 오빠는 그 당시 남미의 어느 나라에 태권도 사범으로 간다고 자랑스럽게 말하며 훌쩍 떠나기도 했다. 대한민국의 태권도를 세계에 알리는 데 앞장서겠다고 했던 말이 기억난다. 몇 십 년 지난 요즘 텔레비전에 가끔 그 시절 그 사람들이 나오면 혹시나 그 오빠인가 하고 눈여겨보기도 한다.

특전사 복영이 오빠의 무시무시한 훈련 이야기들을 듣고, 적어도 남자라면 이 정도는 되어야 남자인 줄 알았다. 이상한 도복을 입고 나타나던 가라테 선수였던 친척 아제를 비롯하여 이런 친구들 두엇과 함께 길을 나서면 세상에 겁날 것도 무서울 것도 없다고 했다.

“그라믄 오빠는 뭔데?”

"나는 주먹아이가."

내가 비록 여자지만 무협지는 꽤나 읽어서 그 말뜻을 금방 알아들을 수 있었다. 나도 운동신경은 좀 있는 편인데, 아마 오빠의 기질을 조금은 닮은 듯했고, 속으로는 그런 오빠야를 닮은 것이 자랑스럽기도 했다.

'오른손에는 붓, 왼손에는 탁구채!'

이런 말을 하면서 나는 서예와 탁구를 즐긴다.

나이 들어서,

특히 여자에게는 안성맞춤이지만,

오빠 눈에 탁구는 그저 스케일이 아주 작은 놀이에 불과했다.

이빨 꽉 깨물어라 /

한 번은 인문계 고3을 지도할 때 남자 교사들도 주눅이 들어 감히 건드리지 못하는 학생이 걸렸다. 수업을 중단하고 양복을 벗어 교탁 위에 올려놓고는 학생들이 보는 앞에서 말했다.

"내가 너 한 대 때려야겠으니 이빨 꽉 깨물어라."

경고를 주었지만 교단 위에서도 올려다보아야 하는 덩치였으니 귀담아 들었을 리 만무……건들건들하면서 사태 파악을 못한 모양이었다.

한 방에 그 학생은 바닥에 나동그라졌고, 입에서는 피가 흐르면서 어금니 2개가 나갔다고 한다. 그 이후로 학생들이 모두 오빠만 지나가면 오금을 저렸다고 한다.

잘못 걸리면 뼈도 못 추린다꼬, 호랑이 선생님이라꼬, 또 매무새를 고친다꼬…….

그 학생이 집에 가서 아버지한테 씩씩거렸다고 한다.

“내 오늘 학교에서 선생한테 맞았다.”

요즘 세태라면 부모가 어떻게 할까? 그 학교뿐만 아니라 전국적으로 이슈가 되고, 아마도 바로 교육청에서 선생님에게 파면조치를 내렸겠지.

그런데 그 아버지도 자식 때문에 골치를 앓던 터라 반응이 걸작이다.

“참 잘 맞았다. 근데 도대체 그 학교에 니 때릴 선생이 있더나?”

사태를 수습해야 했기에 오빠는 동료교사와 함께 그 학생의 집을 찾아갔다. 그런데 그 아버지가 잘 때려 주었다며, 사람 만들어 줘서 고맙다고 도리어 환대를 했다는 이야기는 교직생활 중의 이야깃거리로 항상 맨 앞에 있다. 오빠도 오빠지만 그 아버지도 대단한 분이기에 서로 통했나 보다.

그 후로 그 학생은 열심히 공부하여 4년제 대학에 들어갔고, 항상 오빠에게 고마워했다는 후일담도 있다.

호랑이 담배피던 시절 이야기 같지만, 불과 40년 전이다. "스승의 그림자를 밟지 않는다."는 정도까지는 아니지만, 그래도 스승이라는 말이 통용되던 세상이니 지금보다는 때가 덜 묻었고, 관습과 상식이 통하던 시절이다.

3학년 주임이 되었을 때는 학생들이 야간자율학습을 마칠 때까지 항상 같이 지냈다고 한다. 그 해, 그 학교가 부산에서 대학 진학 합격률이 가장 높았다고 방송에도 나오는 것을 버스 속에서 들으면서 '역시 울 오빠네.' 하며 입가에 웃음지은 것도 바로 어제 같다.

공고에 재직했을 때는 경찰서에서 학교 문제아들의 명단을 넘겨 달라고 했단다. 주먹 세계도 아는 오빠인지라 경찰의 압력에도 불구하고 절대로 명단을 넘겨주지 않았다고 한다.

사회에 문제가 생기면 바로 학교와 연계되던 시절이라 넘어간 명단 때문에 한 번 잘못 찍히면 돌이킬 수 없는 상황이 되어 인생을 망칠 수 있다는 이유였다.

그런 이야기를 할 땐 꼭 제 자식인 양 목소리가 높아지곤 했다. 진정으로 학생을 대하며 올바른 길로 인도하였던 사표(師表)로서 소신 있는 언행(言行)은 직접 보고 들을 때는 물론이고 전해 듣기만 해도 오빠가 자랑스러웠다.

약속했기 때문에 /

친구들보다는 서 너 살 많았고 또한 공부도 잘하였기에 정신적인 지주였다고 말하는 친구들이 많다. 문제가 생기면 다들 오빠에게 와서 의논하고 해결해 나갔으나 절대로 돈과 연결시키지는 않았기에 친구들로부터 존경받을 수 있었다.

의(義)를 목숨처럼 여겼고 이(利)는 멀리했으니 군자임에 틀림없다. 문무를 겸비했으며 포용하는 덕도 갖추었다고 생각한다.

핸드폰이 없던 시절. 한 번은 학교에서 배를 타고 교직원 연수를 갔는데, 일행을 도중의 어느 포구에서 만나기로 했다고 한다.

그런데 갑자기 태풍이 들이닥쳐 대부분이 "이 태풍에 어떻게 오겠나? 우리도 안전하게 가야지, 그쪽으로 갈 필요가 없다."고 할 때 오빠가 말하기를 "우리가 약속했기 때문에 그 선생도 분명히 온다, 가야 한다."

그러면서 비바람을 뚫고 갔더니 과연 그 선생님도 왔더라는 이야기는 오빠가 신의를 지킨 이야기를 할 때마다 항상 떠올린다.

자칫 잘못했으면 교직원 간에 불신감을 조성시킬 사건이었지만, 그 이후부터 학교 분위기가 더욱 화합되었다 했다. '고고집'이라는 괜찮은 애칭도 따라붙었다. 그러기에 항상 많은 사람들이 믿고 따랐던 오빠였다.

전보발령으로 승진하여 이동할 때면 교장실은 축하 난으로 방이 비좁다. 대개 동료 교사들이 승진을 축하하기 위하여 난을 선물하는 것이 관례가 되어 교장실은 향기로 넘쳐난다.

한 친구가 교장으로 승진되었다.

무엇으로 승진을 축하해 줄까 하다가 '파카만년필'을 사주었다고 한다. 요즘은 잘 쓰지 않지만, 그 시절의 '파카만년필'은 고급 만년필의 대명사였다.

"헛방질하고 부정한 데 사인하지 말고, 옳은 곳에 사인해라."

선물을 하면서도 꼭 이런 식으로 매사에 개인적인 생각보다 국가의 미래를 항상 염두에 두고 말하였으며 옳고 그름이 분명했다.

때로는 대통령의 입장에서, 어떨 때는 장관이 되었다가, 또 장군이 되기도 하면서 신랄하게 비판하거나 현실 상황을 이야기하면 우리는 "마 오빠가 다 하소. 오빠가 국회에 있어야 되는데 와 여기에 있노?" 하고 웃으면서 맞장구를 친다.

군대생활 무용담 /

남자들에게 군대생활 무용담은 끝이 없다. '네버 엔딩 스토리(The Never Ending Story)'라는 외국 애니메이션 영화도 있지만, 그 이상일 성싶다.

그 당시 남자들은 모이기만 하면 군대 이야기로 밤도 지새운다. 그러다가 흥이 오르면 젓가락 장단에 판을 두들기며 동네가 떠나가도록 노래를 불렀다. 그런데 어느 집에서도 항의는커녕 도리어 그 판에 끼어야 인정을 받았기 때문에 막걸리를 들고 오면서까지 합세해서 놀았다.

이웃이 다 울과 담은 있었으되 허물없이 지내던 시절,

그랬기에 우리 집 밥상들은 모서리가 닳고 닳아 크든 작든 하나도 성한 것이 없었다.

오빠의 군 생활 중에서 가장 배짱 두둑한 이야기로 꼽는 한 대목.

한창 나이에 군엘 갔으니 어른들 말로 돌멩이도 씹어 먹을 때다. 작대기 1개… 죽으라면 죽는 시늉도 해야 하는 신병시절.

훈련을 하고 나면 밥은 먹어도, 먹어도 배가 고팠단다. 특히나 수영으로 훈련된 몸이기에…….

밥 때가 되면 제일 먼저 달려가서 한 판을 비운 뒤 배식이 끝나기 전에 다시 맨 뒷줄에 서서 또 받을라치면 "아까 받았다 아이가" 한단다. 그러면 "배가 고픈데 우짜요." 하면 씩 웃으면서 한 번 더 주더란다. 그 덕에 끼니때마다 두 판을 먹었다고 이야기할 때의 표정과 흉내를 들으며 우리는 또 웃는다.

대학생으로 군엘 갔으니 지금보다야 훨씬 희소성이 있었겠지. 4.19와 5.16을 거치면서 1960년대 초의 사회는 어수선했다.

원주에서 행정병으로 있을 때 강원도 군인들의 월급을 수령하여 이송(移送)하는 담당이었다 한다.

지금에야 인터넷뱅킹으로 손가락만 까딱하면 다 처리될 일이지만, 돈다발을 넣어갈 가방은 물론 없거니와 운송수단이 완행열차뿐이었으며, 임무만 있었지 방법은 아무도 이야기해 주지 않았다고 한다.

그때 완행열차는 짐 반 사람 반으로 왁자지껄한 것이 장터나 다름없었고 소매치기도 많았단다. 그 당시에 이야기 듣기만 해도 어마어마한 수로 얼마라 했으나 정확한 기억은 없지만, 쌀가마니 정도 부피의 돈다발이었다.

어쩔 줄 몰라 하는 부하장병에게 신문지를 많이 가져오게 한 후 돈다발을 싼 다음 돌가루 종이(포장지라고 따로 파는 것이 없었으니 그 시절 시멘트 담았던 질긴 누런색의 포대 종이로 물건을 싸는 데 다용도로 쓰임새가 많았다)로 다시 한 번 말아서 묶은 다음 보자기에 싸서 빼곡히 들어찬 완행열차를 타니 부하는 얼굴이 새파랗게 질렸다고 한다.

누가 돈인 줄 알고 낚아채 가면 어쩔 거냐고…….

달리 방법이 없으니 내 시키는 대로만 하라고 하고는 열차에 올라탄 후 그것을 짐 보따리인양 위의 짐칸에 훌쩍 던져 올려놓으니 부하는 더욱 안절부절 못하는데 오빠는 그냥 팔짱을 낀 채 잠을 잤다고 한다.

듣는 우리도 아슬아슬하고 긴장감이 돌았다.

설마하니 잤겠나 싶다. 자는 척했겠지.

물론 무사히 임무를 완성했고 한 달에 한 번씩 그리했다고 한다.

여자는 교사가 최고다 /

오빠가 육군 병장으로 군에서 제대하고 돌아와 보니 아무 것도 모르던 철부지, 착하고 암전하고 부끄럼 많던 막내인 내가 그 시절 입시 명문인 부산여고에 합격해 있어서 참으로 좋았다 했다.

오빠의 초등학교 시절에 소꼽 친구였던 경남여고 출신인 명자 언니도 교대를 나와 선생님 되었다며 "여자는 교사가 최고다." 하면서 명절날 큰 집이 있던 동래 온천장에서 집으로 가던 길에 일부러 교대역에 내려서는 내 손을 붙잡고 컴컴한 밤길을 100m정도 지나 정문까지 걸어가서

"여기가 교대다. 니도 여기 가라."

해서 나는 어떤 여지도 없이 교대를 갔고 선생이 되어 27년간 내 청춘을 바친 것을 이제사 오빠께 감사드리는 철없는 막내다.

지금도 그때 그 모습 그 음성 생생하다.

내가 결혼을 하고 신혼여행에서 돌아오니 오빠는 "앞으로 니가 갚아야 할 빚이니까 준다."면서 예식장에서 내 앞으로 들어온 축의금을 건네주었다. 생각지도 않은 돈이었다. 주니까 받아왔지만 나는 내가 받을 돈이 아니라고 생각했다.

그 어떤 말로 그 세월의 고마움을 표할 수 있을까!

아버지의 빈자리를 느끼지 않고 살아왔던 그 세월을 업어 키운 오빠.

오빠 이름의 나무도장을 파서 십 원 하나 건드리지 않고 은행에서 통장을 만들어 다시 오빠에게 건네었다. 아깝다는 생각은 한 번도 해 보지 않았고, 지금 생각해도 어린 마음이지만 내가 내를 봐도 참 기특했다는 생각이 든다.

평소에 우리는 특히, 나는 옆에서 보기에 답답할 정도로 말이 없었다. 그러나 눈빛만으로도 서로를 알 수 있었으니 그게 피를 나눈 형제인가 보다.

오빠는 늘 그랬다.

형제들끼리 돈 때문에 싸우는 거 주변에서 많이 본다며, 돈 많은 거 부러워 할 거 없다고. 요즘 그야말로 진짜 돈 많은 재벌들의 '형제의 난'들을 보면 그렇다.

그래도 어쩔 땐 "아, 싸울 때 싸우더라도 그렇게 함 많아 봤으면 좋겠다." 하면 오빠는 '씰떼없는 소리' 하면서 웃는다.

밤늦게까지 들어오지 않은 식구를 기다리느라 누구라 할 것 없이 바람소리에도 대문에 귀를 세우고, 고구마를 삶아도 구들목에 넣어놓고 기다리며, 콩 한 조각도 나눠먹던 그 시절이 진정한 가족의 의미로 다가온다.

인생 멘토로서 오빠의 깊은 뜻을 알고 더 열심히 살았더라면 하는 아쉬움만 남으며 현실에 안주하고 세월에 그냥 몸을 맡긴 것이 부끄럽다.

나도 어린 여동생이 있다 아이가 /

20대 한창 잘 나가던 청춘시기에 그 언니와 어쩌다 보니 태종대에서 밤을 지새우게 되었다고 한다.

지금이야 태종대 아니라 서울도 아침에 갔다가 저녁은 집에서 먹을 수 있는 시대지만, 참 그때만 해도 비포장도로에 버스도 없었고 통금마저 있었으니 꼼짝없이 갇힐 수밖에 없는 그런 시절이었다.

오빠 친구들이 그 사실을 알고는 마당에 죽 둘러서서 호기심과 짓궂음을 섞어 묻기를 "그래, 뭔 일이 있었나 어쨌노?"

오빠의 어떤 대답이 궁금했을까! 방안에서 이 이야기를 듣고 있던 순이 언니도 문고리를 잡고 가슴을 콩닥거리며 숨죽이고 들으니 "나도 어린 여동생들이 있다 아이가."

어른이 되어서 언니와 나는 이 이야기를 할 때마다 운다.

아버지를 대신하여 가장으로서의 책무를 한 순간도 놓치지 않고 여동생들을 보호하고자 했던 오빠의 그 맘을…….

그 그늘 아래서 우리는 온전하게 자랐다.

그래서일까?

수도 없이 많은 오빠들이 다녀갔어도 어느 오빠인들 우리를 함부로 대하지 않았고, 자기 동생이라 생각하고 보살펴 주었다.

우리는 밖에 나가면 "너거가 고일영이 동생이가?" 하고 놀라면서 오빠를 인정하는 말을 들을 때마다 언니와 나는 작은 소리로 "예!" 하고 대답하면서도 속으로는 참으로 뿌듯했다.

또 있다.

군인으로 휴가를 나와 우리 집에 들렀던 중언 오빠가 어린 나를 보고는 주머니에서 얼만가는 지금 생각해도 모르겠지만 용돈을 주었다. 얼마가 중요한 것이 아니라 나도 어른 되어 자식을 키우고 보니 '군인 월급이 얼마인가!' 그리고 '얼마나 피 땀 흘린 돈인가!' 덥석 나에게 내어준 그 오빠도 생각나는데 몇 년 전 암으로 돌아가셨다 한다.

또 재덕이 오빠는 울 오빠 군에 갔을 때 언니와 나를 위하여 금강원엘 데리고 가서 케이블카를 타고 사진도 찍어주고 즐거운 시간을 보냈는데, 쉬면서 벤치 위에 카메라를 얹어 놓고는 아무도 챙기지 않았나 보다. 알고 달려가 보니 눈 깜빡할 사이였는데 이미 카메라는 흔적도 없었다.

그러나 오빠는 우리가 미안해할까 봐 어떤 내색도 하지 않았다. 그 시절 카메라가 얼마나 귀한 물건이었는데…… 가끔씩 그 오빠도 생각나는데 어디서 무얼 하는지 알 수가 없다.

이렇게 우리 주변에는 많은 '오빠야'들의 이야기로 낮이고 밤이고 만나면 화제로 삼았다. 특히 포항 아제가 오면 "닭이 먼저가? 달걀이 먼저가?"로 시작해서 "먹기 위해서 사나? 살기 위해서 먹나?"로 참 많이도 설전을 벌였는데, 언제나 결론은 없었지만 우리는 가만히 듣기만 하였어도 참 재미있던 시절이었다.

방안에 굴러다니던 키에르케고르의 『죽음에 이르는 병까지』라는 책 제목도 참 별스럽다고 생각했는데, 그 시간들이 우리의 정신적 자양분이 되었다고 생각하니 그 오빠야들도 참 보고 싶다만 앙꼬 없는 찐빵에 더욱 허전하다.

이렇게 많은 '오빠야'들이 오빠를 빙자하여 우리 집을 더 많이 들락날락하지 않았나 하는 생각이 이제사 든다.

왜냐하면 오빠 친구들과 언니는 서너 살밖에 차이가 없었으니 이성으로 사귀기에도 충분할 나이에 그 당시 165cm정도의 훤칠하고 인물 좋았던 언니였다.

오빠 친구들은 대학에 들어가기 위한 자격을 뽑는 국가고시에 떨어진 친구가 많았음에도 불구하고 언니는 조용히 합격을 하여 상당히 괜찮은 처녀로 콧대도 높았었다.

훗날 의사가 되었던 또 다른 오빠 친구도 내심 언니를 좋아했으니 오빠 친구들은 언니를 보러 더 많이 왔던 것 같다.

그 시절이 순수했기에 새삼 이런 이야기도 정겹다는 생각이 들어 써 본다. 오빠의 엄호가 득이었는지, 독이었는지는 모르겠다. 그것이 인연이겠지.

교직을 천직으로 알며 /

70년대 초

나는 초등학교, 오빠는 고등학교 기술 선생이 되었다.

말 못하는 기계를 상대하는 것보다 말하는 사람을 가르치는 것이 더 좋다며 공학도로서 산업현장에서 우리나라의 초석에 밑거름이 된 것을 자랑스럽게 여기는, 교직을 천직으로 알며 정말 소신 있는 교육자였음을 자부한다.

마지막에는 어릴 적 놀던 그 송도에서 알로이시오 신부가 이끄는 '소년의 집'(지금은 알로이시오 고등학교)에서 불우한 청소년들에게 힘과 용기를 주며 헌신하였다.

알로이시오 신부는 부산에서 6.25로 인해 생긴 전쟁고아들을 모아 학교를 설립하고 마리아회 수녀님들이 어머니가 되어 부모 잃은 몸과 마음을 어루만지고 보살펴 주었는데, 아무런 희망이 없는 그들에게 꿈을 심어주기 위하여 축구부를 창설하고 새벽

마다 함께 송도 바닷가를 달리며 극기 훈련을 통하여 노력한 결과 국내 최강의 축구 명문이 되었다.

2002년 월드컵의 수문장 김병지 축구선수를 배출한 곳이다.

또한 먹고 살기에도 힘들었던 그 시기에 빵만으론 살 수 없음을 음악으로 치유하면서 예술로 승화시켰다.

악기로 상처받은 마음을 스스로 달래며 매년 12월에는 '자선의 밤 음악회'를 열어 이들도 사회에서 당당하게 살아갈 수 있도록 교육하였으니 운동을 아는 오빠로서는 알로이시오 신부를 진정으로 존경했으며, 수녀님들의 헌신적인 사랑을 종교인은 아니지만 높게 칭송했다.

옆에는 장기려 박사가 이끄는 복음병원(지금의 고신의료원)도 있었으니 그 시절 힘든 시기에 부산의 큰 정신적 지주들이었다.

그러나 그들이 대학을 진학할 때면 더욱 깊은 상처로 돌아왔다. 대학의 특기자를 뽑는 과정에서 대부분 탈락된다고 한다. 이유인즉, 흙수저 축에도 못 끼는 자신들의 처지에 또 한 번 좌절한다고 했다. 배경 좋은 축구선수들의 특례 입학을 위해서 희생양이 되는 거였다.

"너희들은 기대하는 부모가 없잖아."

이 한 마디에 살아온 모든 것이 무너지는 사회로 변하면서 허탈감을 맛보며 세상을 비관할 수밖에 없다고 한다. 그러니 김병지 선수가 더 크게 보이며, 알로이시오 신부와 수녀님들의 헌신이 얼마나 거룩한지 고개가 절로 숙여진다.

「어릴 때는 골목대장, 학창시절에는 친구들의 중심에서, 교직 생활에는 학생들의 중심에서,
언제나 어디서건 굳건히 버팀목이 되어주었다.」

그런 것들을 다 보아온 오빠이기에 인문계 학생들이 스승의 날이라고 찾아오는 것과는 차원이 다르다고 했다.

아버지 품에 안기고 싶은 마음이라 생각하니 짠하며,

그들이 진정 그리워하는 것을 줄 수 있는 포용력을 갖춘 오빠기에 더욱 존경스럽다.

오빠 또한 "내 진짜 스승은 우리 집에 세 들었던 내철이 아버지다."라 했다. 50년대 초 부산은 6.25로 인해 많은 사람들로 붐볐기에 우리 집도 이북 사람한테 방을 내주었는데, 오빠가 미처 학교를 들어가지 못하고 어영부영 놀고 있으니 그 아버지가 ㄱ,ㄴ,ㄷ…가,나,다,라를 가르쳐주며 공부를 해야 한다고 했다는 것이다.

오빠는 그 길로 만화방을 다니면서 만화책으로 글을 익혔다고 했으며 그랬기에 학생들의 심리를 그 누구보다도 잘 알고 이해하였다.

띠 동갑 오빠야 /

언니들보다도 띠 동갑이라 더 많이 날 업고 키웠다며 등에 업힌 내가 울면 같이 울고, 내가 오줌을 싸면 바지 가랑이 사이로 오줌이 흘러 같이 오줌을 누었다던 오빠야.

아버지의 잘 생긴 코를 오빠가 닮았는데 또한 내가 오빠 코를 닮았고, 또 같은 선생이 되고, 운동을 좋아하고, 그래서 다른 형제들보다는 좀 더 잘 통했다.

식당을 가건 택시를 타건 모르는 사람을 만나면 날 가리키며 "쟈가 몇 살인 줄 아요?" 하면서 묻는다.

손님이 물으니 눈치 있는 사람들은 "40대 말? 50대 초?" 하고 되묻는다. 그러면 신이 나서 "쟈가요, 환갑이 넘었심데이, 65살도 넘었심데이."

"우짜꼬 대기 곱네예." 하면, 그 소리가 듣기 좋은지 모르는 사람만 보면 "쟈가 몇 살인 줄 아요?" 한다.

그러면 또 나는 “오빠요~ 또오?” 하면서 웃곤 했는데…

다시 한 번 더 듣고 싶다.

“쟈가 몇 살인 줄 아요?”

업고 키운 막내가 그래도 나이에 비해 조금이라도 어리게 보이는 것이 참 좋았나 보다.

오빠가 갑자기 열이 나고 몸에 반점이 솟아오르고 머리가 아파 대학병원엘 갔더니 쯔쯔가무시라 하여 보름동안 입원을 하였었다.

올케가 지병이니 내가 가끔씩 갔다.

옆의 환자와 가족이 “딸인갑네?” 하니

“내 막내이 여동생입니다.”라며 웃는다.

또 더운 어느 여름날,

내가 청바지차림에 모자를 쓰고 같이 걸어가니 5분도 채 안 되어 어디선가 전화가 왔다.

“옆에 같이 가는 여자가 누고?”

오빠 왈 “내 막내이 여동생 아이가.”

“아 그러나?” 하면서 끊긴다.

그러면 우리는 또 웃는다.

혼자 생활이 10년을 넘었으니 누구라도

“혹시?” 하는 생각이 드나 보다.

한 번은 서울 언니 칠순이라 순이 언니와 오빠랑 셋이서 갔다 오는 길에 노포동에서 지하철을 탔는데 내가 오빠하고 이야기 하는 모습을 예전에 사촌 모임으로 일일코스로 갈 때 봉고기사였던 분이 보았나 보다. 사촌언니한테 총알같이 전화를 걸어 나한테 확인전화가 왔다.

"고모야, 고모야, 오빠가 지하철에서 젊은 여자하고 아주아주 정답게 이야기하더란다. 여자가 생겼는갑다."

정황을 듣고는 "언니요, 울 오빠 제발 그런 일이라도 한 번 있었으면 좋겠십다. 그기 내요." 했더니 "그러면 그렇지, 아주버님이 그럴 분이 아니지." 하면서 우리는 또 한바탕 웃었다.

칠암 바닷가에 촌집이 있었을 때 주말이면 가끔씩 가서 낚시도 했었다.

그 마을의 조그만 구멍가게에 내가 먼저 소주 1병을 사러 가고 뒤이어 오빠가 담배를 사러가서는 "좀 전에 왔던 사람이 내 막내이 여동생입니더." 했더니 할머니가 "동생이라꼬? 나는 새댁인 줄 알고 말도 놓았는데." 하더란다.

"가가요 환갑도 넘었십데이." 하니까 할머니는 "우짜꼬!" 한다.

오빠는 "내 막내이 여동생 아닌교." 할 때 보면 신이 나서 말한다.

보수동의 물꽁집은 단골집이다.

처음엔 아주 작고 허름한, 좌석도 몇 안 되었을 때 오빠는 친구 모임이나 교직원들과 한 잔 할 때면 꼭 그 집에 팔아주었다. 지금은 돈을 많이 벌어 건물도 크게 지어 성업 중이다.

오빠가 가면 힘든 시절에 용기를 주던 단골이라고

“고 선생님, 우리 고 선생님.” 하면서 대접을 한다.

그러면 또 오빠는

“내 막내이 여동생 아인교.” 하면서 즐겁게 날 소개한다.

그럼 난 또 그저 빙긋이 웃고…….

한 번 더 들어보고 싶다.

“내 막내이 여동생입니더.”

리더의 조건을 갖춘 군자 /

부모에게는 효를,
자식에게는 아비로서,
나라에는 충을,
부하들에게는 덕으로,

그러나 잘못에는 추상같은 위엄으로 군을 통솔하였던 리더로서의 훌륭한 면모를, 그러면서도 창의력이 뛰어났던 이순신 장군님을 흠모하지 않는 자 없으나 누가 감히 따라 할 수 있으랴. 그러기에 우리는 성웅 이순신이라 하지 않는가!

시대의 영웅은 치세에는 드러나지 않는 법이니 울 오빠 이순신 장군과는 닮은 점이 많다. 공과 사가 분명하고 청렴하여 월급 외에는 10원 한 장 탐하지 않았고, 의(義)에 살고 義에 죽을

지언정 이재(利財)에 밝은 것을 부끄럽게 여기며, 불의에는 추상 같은 엄함으로, 말보다 행동으로 책임질 줄 아는 리더의 조건을 갖춘 군자라 생각한다.

울 오빠!

생각이 항상 명쾌하고 분명했으며,

생활은 'simple life'를 주장하며 실천했다.

이중 잣대나 '코에 걸면 코걸이, 귀에 걸면 귀걸이'를 제일 비겁하게 생각했다. 승진이나 자신의 영달에는 눈곱만큼도 관심을 두지 않았던, 그러면서도 후배나 제자들의 앞길을 위해서는 길잡이 역할을 하면서 현재 주어진 교사로서의 책부에 최선을 다하였다.

살아생전 난세였다면 필시 울 오빠야!

국가를 위해서 목숨을 아까워하지 않고 선뜻 내놓으며 아마도 충(忠)에 온 몸을 던졌을 것이라 단언한다.

이런 일도 있었다.

그 동아수영대회 때 2등으로 들어온 선수는 뒷집 뒷집에 사는 오빠 친구 동수였기에 우린 그 대회가 더욱 기억에 남아있다.

그런데 1980년대 초 어느 날,

그 친구가 한밤중에 조용히 찾아왔다고 했다.

그때만 해도 밤 12시 이후에는 통행금지였다.

영화 '국제시장'에서 보듯이 서독 광부로 갔으며 한국서 가보지 못한 대학을 전액 무료로 보내줘서 졸업하여 잘 살고 있다고 간간히 독일 소식을 전해주던 그 오빠.

그 시절 사진 속의 서독은 별천지였고 우리에겐 참으로 꿈같은 나라였다. 우리의 산야는 나무 한 그루 없이 온통 헐벗었기에 정월 대보름날이면 달맞이하러 산에 올라가는 사람들 모습이 다 보였다.

흰 옷 입은 사람들로 산이 송두리째 하얄 만큼 훤히 속살이 다 내비치일 때……

독일에서 보내 온 사진은,

점심시간에 휴식을 취한다고 너르디너르고 푸른 잔디밭에서 베드민턴을 치거나 하늘을 향해 드러누워 있는 모습들과 아리따운 푸른 눈의 아가씨들을 보면서 참으로 부러워하였다.

그랬던 그 시절.

금의환향은 아니지만 그래도 꿈에 그리던 고향을 동네가 시끌벅적하도록 대낮에 반갑게 왔을 법한데 왜 밤에 살짜기 왔을까? 의아했다.

아니나 다를까,

야밤중에 찾아온 그 오빠는 북의 사상을 이야기하며 함께 손잡자고 했다 한다. 그 시절 결코 낮에 맨 정신으로 할 수 없는 이야기 아닌가.

그때만 해도 서독에서는 '동백림 사건'으로 재독 교포 중에서 윤이상 등 우리의 고급 두뇌들과 예술인들이 대거 그 사건에 휘말려 사상적으로 어수선한 시기였기에 그 친구도 밤을 택하지 않을 수 없었을 것이다.

그때 오빠 대답이 "나는 대한민국 고등학교 교사다." 라며,

일언지하에 건네는 달러도 거절했다고 한다.

말만 들어도 통쾌한 그 무엇이 짜르르 온 몸을 타고 흐른다. 오빠와 항상 이런 느낌으로 이야기를 주고받았으니 어찌 귀 밖으로 흘릴 수가 있었겠는가!

그 당시 우리는 달러의 존재만 알았지, 보기도 힘든 그렇게 가난한 나라였다.

평소 오빠의 소신과 단호한 성격을 알기에 그 친구는 지금까지 두 번 다시 찾아오지 않았다며, 2010년도에야 그 이야기도 나에게 할 만큼 울 '오빠야'의 입도 천근만근이었다.

만약 그때 단돈 1달러라도 받았더라면 어떻게 되었을까?

119에 '머리가 어지러워요' /

2014. 10.26. 01:00
'머리가 어지러워요'를
핸드폰 음성으로 119에 남기고 쓰러졌다.
올케도 지병으로 요양병원 신세이기에
아마도 혼자 살아온 지는 10년이 넘었으니
항상 혼자라는 생각에
'비상시에는 119'가 머리에 각인되어 있었던 모양이다.
그 생각을 하면 더욱 목이 멘다.

그 외로움들이 얼마나 컸을까!
그러나 한 번도 우리에게 내색하지 않았다.
우리도 무심하게 보낸 세월들이 미안하기 그지없으며
쓰러지기 얼마 전 "노래방 가자!" 할 때도
언니와 나는 너무 늦은 시간이라며
들어주지 못한 게 통한으로 남는다.

둘째가 가서 보니
마루에서 화장실까지 토한 것을
휴지로 닦으려던 흔적이 남아 있어
그걸 보는 순간,
그 때의 상황이 머릿속에 떠올라 울었다는 이야기에
우리도 울컥거렸다.
평소 깔끔하던 성격을 짐작할 수 있었으니 더욱 애달팠다.
얼마나 다급했을까?
정신이 혼미해지고
혼자 해결할 수 없다는 마지막 판단으로
119를 눌렀다고 생각하니……
절로절로 눈물이 난다.
누가 옆에 있었더라면…….

평소에 우석이 오빠는
내보다 더 전화를 자주하여 상태를 살폈고
날 보고도 "오빠가 다리에 힘이 풀려
주저앉은 적이 있으니 맛있는 거 좀 먹이래이." 해서
순이 언니와 나는
"오늘은 영양보충하게 고기 좀 먹읍시다."고 했으나
평소 단골집에 가서 먹던 생선회를 먹은 것이
생전 오빠와의 마지막 식사다.

또한, 저녁밥을 먹고 나면 우리는 위로공연처럼
항상 셋이서 고스톱을 치면서 오빠를 즐겁게 했다.
그러면 나는 고스톱계의 이사장(?)이 되어
애매한 상황의 판정은 항상 내가 내린다.
오빠야 왈 "나는 고스톱을 못하는데 자가야
언제 고스톱을 배워가지고..." 하면서 우리는 또 웃는다.
놀이일망정 돈을 가지고 하다 보니 끝에 싸우는 걸 본다며
분위기를 위해서 하긴 하지만 즐겨하지 않았다.
고스톱도 격조 있게 해야 된다며
내가 카지노 딜러가 되어 패를 좌라락 반달로 펼치면서
'이거 이래도 돈 들여서 배운 거요." 하면
"저거 봐라, 저거 봐라, 완전 예술이데이." 하면서 또 깔깔거린다.
그러면서도 지하철 끊어지지 않게
우리를 제자리에 돌려놓으려고
애를 쓰는 그 마음을 말 안 해도 안다.
"마, 자고 가도 돼요."
해도 기어이 우릴 내몰아 기본을 지켜주고자 했던 오빠야.

공식적인 모임 외에는 절대로
동가식(東家食) 서가숙(西家宿)하지 않았다.
"집에 가도 아무도 없는데 마 내일 가소."
"집에 가면 꿀이 있는교?" 해도 절대로 집을 비우지 않았다.

119에서는 1분 간격으로 대처 상황을 오빠 폰에다
문자로 계속 보내주었다고 셋째가 전한다.
분초를 달리며 급박하게 대학병원으로 이송하여
응급수술을 한 덕택에 5개월 반 생명을 연장시킬 수 있었다.
비록 고통은 따랐지만.

이 지면을 통하여
우리나라 119 현장에 계신 모든 분들께 감사드린다.
보이지 않는 곳에서 묵묵히 맡은 소임을 다하는
직업관이 투철한 분들이 있음에 대한민국이 진일보하고 있음을
세상 사람들은 알아야 한다고 보기 때문이며
백 마디 말보다 귀한 행동들이다.

머리를 양쪽에서 뚫어서 나쁜 피를 뽑아내고 귀 옆 목에서 머리로 올라가는 경동맥이 터졌기에 시술도 하고 가래를 빼내기 위하여 목에 구멍을 뚫었으니 음식은 고단백 영양 죽이 코로 호스를 통해 바로 목으로 넘어갔다.

팔에는 피를 수혈할 수 있도록 관을 심고 허리에는 오줌통을 차고, 기저귀도 채웠으니 내 몸을 내 맘대로 할 수 없는 처지가 되어 버렸다.

의사는 폐가 쪼그라들고 연세가 있어 안 된다고 했다. 장례를 치르기 위한 준비로 급박하게 시간이 흘러갔다. 그러나 워낙 건

강했던 몸이었던지 퉁퉁 붓고 차디찬 몸이 조금씩 돌아오기 시작했다.

온기가 감돌도록 어루만지며 쓰다듬으니 혈색이 돌아왔다. 하루하루가 도리어 우리에게 기쁨을 주었다. 의사도 기적이라며 오판한 것을 도리어 미안해했다.

"그런 오판은 얼마든지 괜찮습니다."라고…….

오빠가 깨어나 살았던 5개월 반은 목숨을 잇기 위함보다 남은 우리들에게 조금이라도 더 그늘이 되어주고자 했던 것으로 생각한다.

중환자실에서, 준중환자실로, 그러다가 일반병실에서 생사를 넘나들며 몸에 달고 있던 온갖 기구들을 다 떼고 목으로 넘어가는 밥줄 호스와 가래를 빼내기 위하여 목을 뚫은 2가지만 달고 광안리의 요양병원으로 옮겼다.

4개월 반 대학병원 투병생활을 끝내고 요양병원으로 갈 때까지만 해도 우린 죽음이란 전연 생각해 보지 않았다.

계속 몸이 호전되는 것만 보아왔기에 재활만 잘하면 능히 이겨낼 줄 알았다.

병원을 옮긴 지 20일째.

5개월 만에 처음으로 휠체어에 앉아 3층의 병실 밖 복도로 나올 때만 해도 다 나은 양 내가 하늘을 나는 듯했다.

"오빠요, 저 우에 하늘 보이능교?"

내가 들떠서 물었을 때 고개를 가로저었다.

"저 밑에 자동차는요?"

역시 가로 저었다.

철렁하는 가슴을 손으로 누르며 더 이상 보이는 것에 대하여 물어볼 수가 없었다. 내 볼에는 눈물이 하염없이 흘렀지만 목소리는 변함없어야 했다.

"오빠요, 주는 대로 잘 묵고 힘을 내야 눈이 빨리빨리 돌아오요. 잘 잡숴야 되요오."

그 말밖에 할 수 없었다.

그런 오빠를 두고 9박10일 여행길에 오르다니.

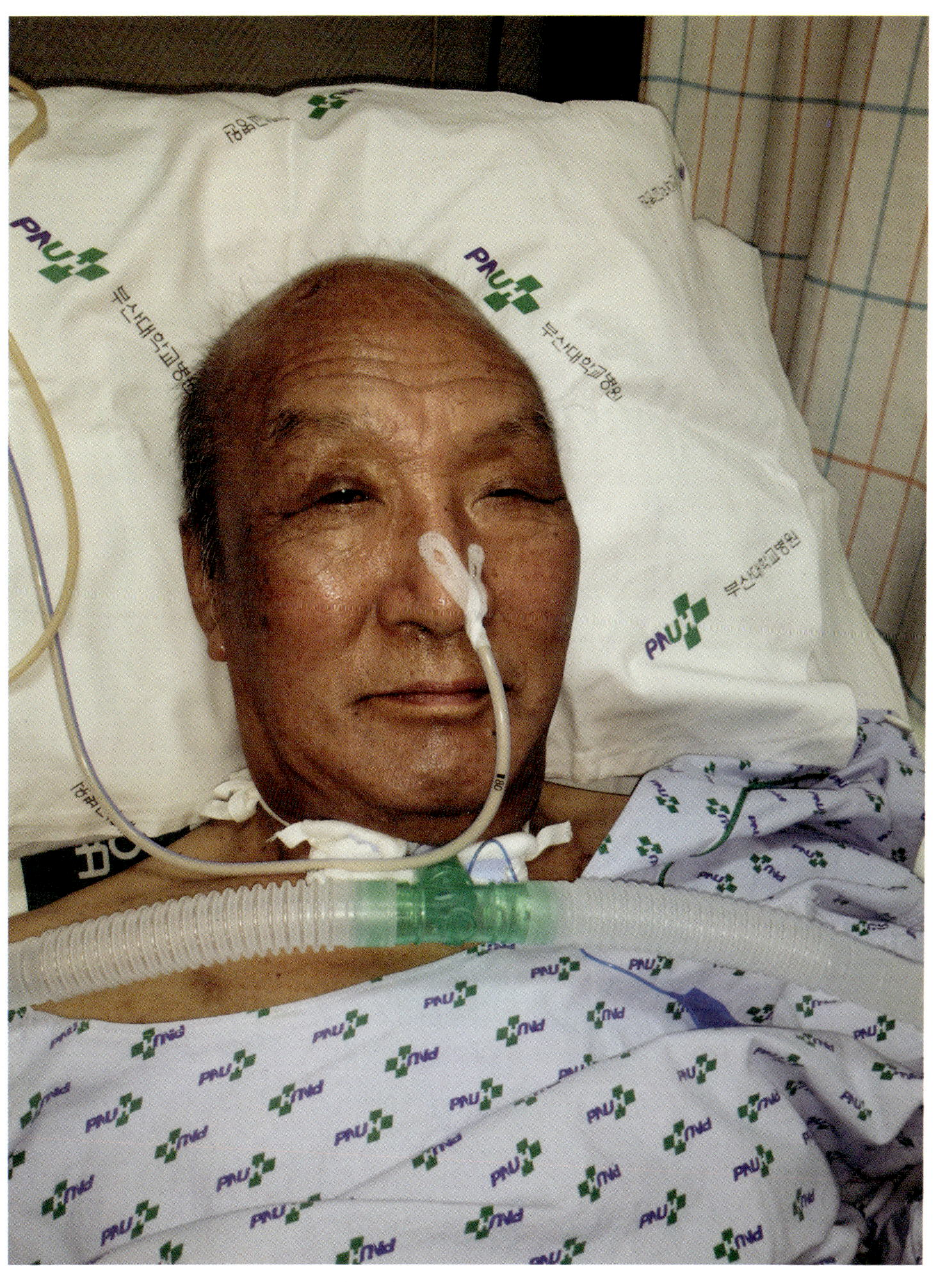

「보이지도 않고 말도 할 수 없는데도 범접할 수가 없는 표정에 그저 눈물만 난다.」

병상에서 /

보이지 않는다는 오빠가 너무나 안타까와 잘 가지 않던 교회를 갔다. 탁구 동호회가 있는 온천교회였는데. 그날따라 담임목사가 평생 당신 자식을 병구완하는 내용이었다. 옆에 같이 있어준 양권사와 첫 발령지에서 함께 근무한 전권사는 줄줄 흘리는 나를 보고 많은 위로를 해주었다.

내가 눈을 감아 보았다.

잠시라도 얼마나 갑갑한지 알겠는데, 한 번도 자신의 몸에 대해 불평하지 않았고, 흐트러진 모습을 보인 적이 없었으며 의연하였다.

그러기에 한번은 "오빠요, 얼굴이 법정스님보다 더 잘났다." 하면 같잖다는 듯이 피식 웃는다. 그러면 또 내가 "와, 땡땡이중하고 비교를 한다 말이지?" 하면 고개를 끄덕이고는 우린 같이 웃었다.

(법정스님이나 불교를 비하하려는 뜻이 아니고 종교나 사상에 관한 한 주관이 너무나도 뚜렷한 것을 알기에 그런 대화가 내하고는 가능했다는 것을 말함이다.)

내 어린 기억으로도 집에 국제신문이든 부산일보든 신문이 떨어진 적이 없었으며, 그 시절 지식인들의 월간지인 두툼한 사상계도 항상 내 눈앞에 있었기 때문에 그래도 오빠의 정신세계를 제일 잘 아는 편이다.

아마 은연중이지만
불시에 갈 수도 있을 거라는 생각이
밑바닥엔 있었는지도 모른다.
그랬기에 물어보고, 사진도 찍고,
실낱같은 기억이라도 그 흔적을 남기려고 했나 보다.

"오빠는 전에 뭐 했어요?"
고개를 가로젓는다.
"모른다꼬? 뭐해서 밥 먹고 살았능교?"
엄마가 밥 해줬다고 한다.
"선생님 안 했어?"
했다고 한다.
그걸 까먹을 리야 없지.
"무슨 학교에 있었는데?"

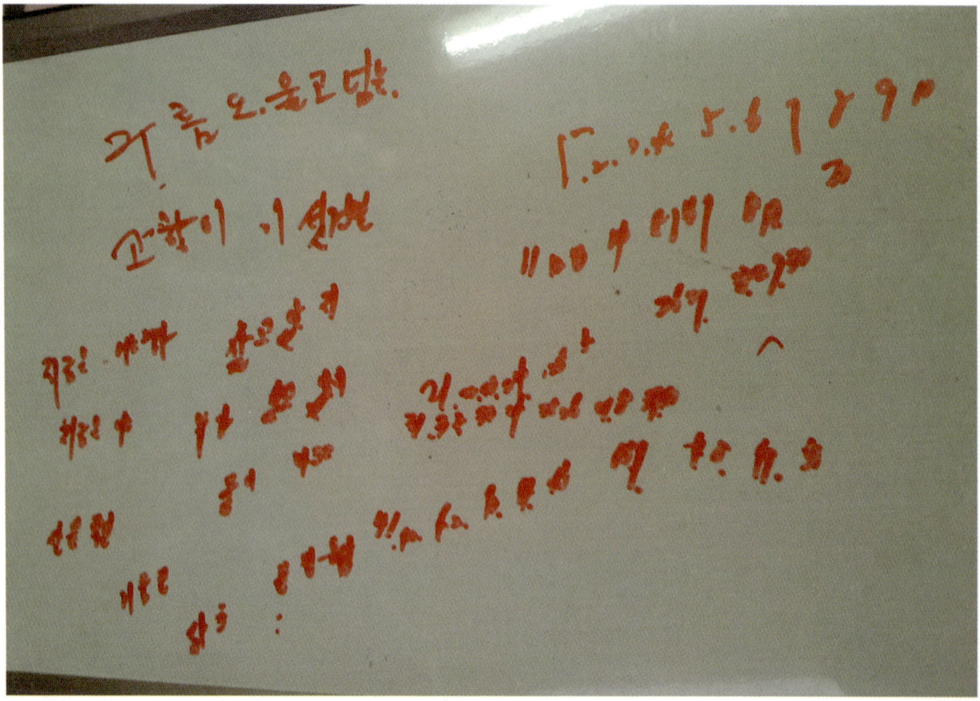

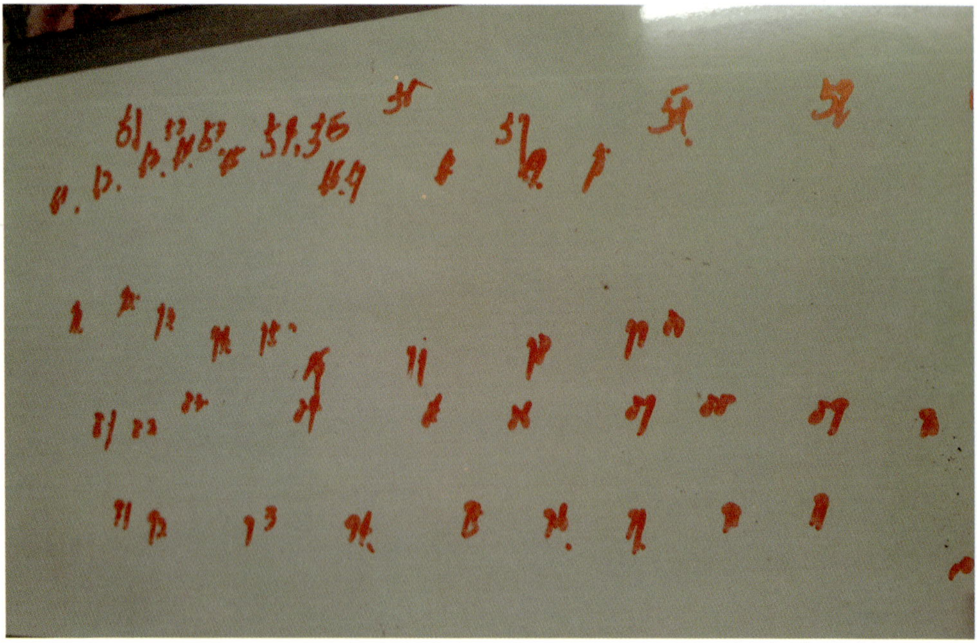

00학교, 00학교, 00학교라 하지만 입모양으로 안다.

"전에는 오빠가 가르쳤제. 인자 내가 가르쳐 주께."

고개를 끄덕인다.

"국어공부 합시다. 내가 노래 부르면 가사를 적어보이소."

하면 '구름도 울고 넘는 울고 넘는...' 하고 적는다.

"인제 수학 공부 하까?"

또 끄덕하며 1,2,3,4~200까지를 적는다.

"아이구야, 잘하네, 울 오빠."

왜 이렇게 묻느냐 하면 평소에 머리를 쓰는 훈련을 하기 위해 1~100까지를 영어로도 외운다고 했다.

"영어공부도 하까?"

one, two, three하며 적는다.

아무리 간병사가 의학적으로는 간호를 잘할지 몰라도 가슴에 우러나는 감정이입이 된 대화를 할 수 있으랴. 요양병원에 와 보니 간병사와의 거리감을 가족이 사랑으로 채우는 거 말고는 방법이 없음을 절감했다.

24년간 아버지와 아내의 병 수발을 경험한 우석이 오빠가 하던 말, "가족의 사랑이 최고의 간병이데이."

아직도 쟁쟁거리는데 한 번도 밤샘을 하며 간호해 주지 못한 것도 걸린다. 보이지도 않고, 말을 해도 알아들어주지 않아 답답한데 똥오줌도 내 맘대로 처리하지 못하는 신세가 되었으니…….

특히, 간병사 저들이 귀찮다고 밤에는 사지를 묶어놓으니 천하장사인들…… 그 자존심이 말할 수 없는 마음의 상처가 되어 살아야 할 모든 의욕을 송두리째 앗아갔다.

얼마나 고통스러웠을까!

점점 인생의 모든 것이 포기상태로 가는 줄도 모르고 내가 가다니…… 한 번도 병수발을 해 본 경험이 없어서 이런저런 사정을 잘 몰랐다가 이제 남의 이야기도 들어보고 앞뒤를 맞춰보니 음식마저 입에 대지 않으려는 행동이 곡기를 끊는 마지막 의사 표현이었다.

난생 처음이자 마지막이 되어 버린, 조금이라도 오빠를 즐겁게 하기 위하여 오빠 가슴에 얼굴을 묻고 두 손을 잡고는 어린 아이마냥 "오빠요, 이렇게 하니까 좋은교?" 하면 도리어 내 등을 토닥거리며 웃으면서 고개를 끄덕이고는 엄지손가락을 내밀던 오빠야.

내가 업혔다던 그 오빠의 등을 뒤에서 업히듯 어깨를 감싸 안고 오빠 뺨에 내 볼을 대고는 "오빠, 내 노래 불러 주께이." 하면서 흔들 흔들거리며 우리들의 18번 노래들을 불렀다.

'구름도 울고 넘는 울고 넘는 저 산 아래
그 옛날 내가 사알던 고향이 있었건만'……고향 무정.
'이름도 몰라요 성도 몰라~'라는 댄스의 순정.
'무역선 오고가는'으로 시작하는 노래를 오빠는 평소에 노래

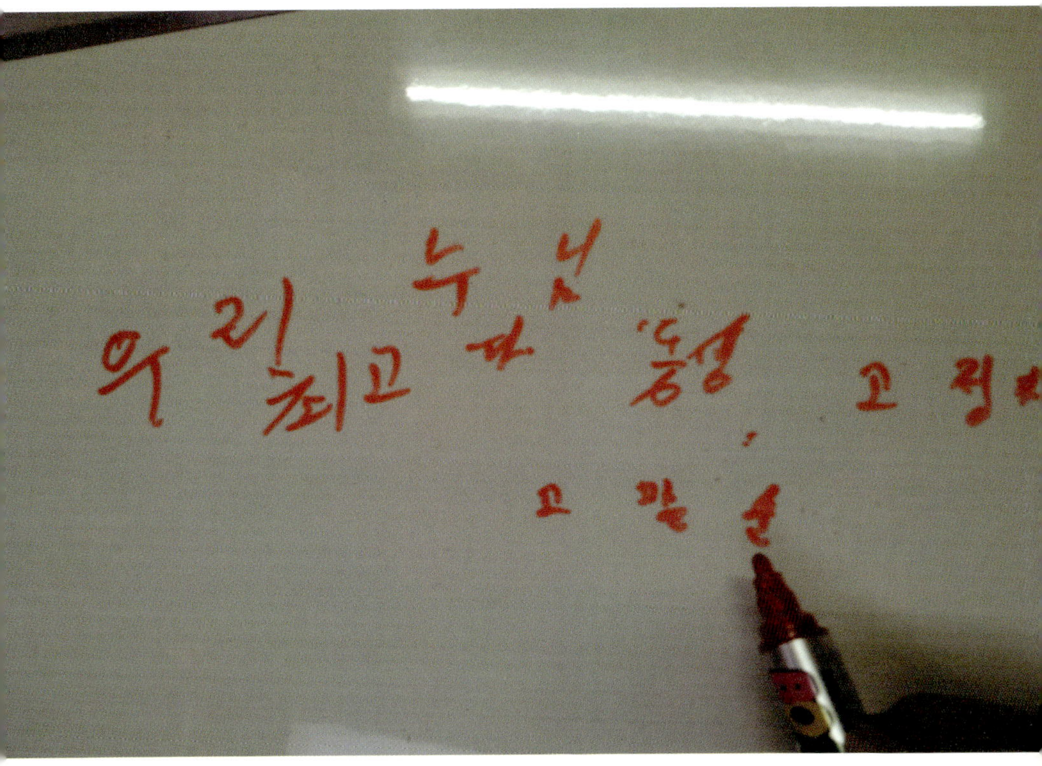

를 더 재밌게 한다며 '매르치(멸치) 팔딱 뛰는 부산 항구 제2부우두'로 바꾸어 부르면서 우릴 즐겁게 했던 노래와, '보슬비가 소리도 없이 이별 슬픈 부산 정거장', '사나이 우는 마음을 그 누가 아랴, 바람에 흔들리는 갈대의 순정' 등 오빠의 노래들을 불러주면 손바닥으로 무릎을 탁탁 치며 박자를 맞추어 한 몸이 되어 즐겁게 흥얼거렸다.

가수보다 더 가수답게 호방하게 노래를 잘 불러 가수로 데뷔해 보지 않겠느냐며 권유받았던 울 오빠. 그러나 그 무엇보다 교사를 최고의 직업으로 생각하고 행동하고 실천했다.

화이트보드에 매직을 주며
"하고 싶은 말 써 보이소." 하면 비몽사몽간에……
"누님이 최고다."
"정말 고맙다. 세째 고정자."
"고말순"

일찍 멀리 상주로 시집간 영순 언니는 그랬다.
어린 시절 비가 오면 1살 어린 남동생이지만
"누부야(누나야)" 하면서 우산을 챙겨주던
그 동생이었다고…….
그 생각할 때마다 그리는 마음이 더욱 진했다 한다.
자주 미역국이며 시락국을 끓여 봉지, 봉지 만들어서

냉동실에 넣어두고 먹으라고 택배로 보내주었으니

걱정해 준 것에 대한 감사였다면,

난 막내이로 사랑을 받기만 했지

해 준 것이 없는데 뭘 고맙다 하는지…….

아마도 병상이 외로울 때 그래도 맘을 좀 알아주었나 보다.

그리고 6살 아래 동생 순이는 여태껏 오빠의 군번을 기억하고 있음을 오빠는 알고 있다.

11018454

또 물어본다.

"오빠는 어디서 살았능교?" 하니 "현재 주소?" 한다.

그렇다면 과거 주소도 있다는 말이다.

도로명으로 바뀌었으니 그러려니 하면서도, '혹시?' 하는 마음이 들어 적어보라 하였더니 'ㄷ'으로 시작한다.

아! 역시. 오빠의 가슴속에 품은 생각에 전율이 일었다.

떨렸다. 옆에서 지켜보던 (내가 동래 온천장에 살고 있는 것을 아는) 우석이 오빠가 "너그 집을 말하나?" 했다.

"아닐 겁니다, 오빠요 계속 적어보이소." 했더니 '동래군 기장면 동부리 000'라 적는다.

속으로 눈물이 났다. 오빠의 인생에서 시작이자 끝인, 우리들의 이야기들이 구석구석 배어있는 기장 땅. 지금이야 부산시에 편입되었으나 우리에겐 언제나 경상남도 동래군…….

동래 기장 사람하면

파도치는 바위에 부딪치며 자라는,

임금님께 진상했다던 기장 미역처럼

질기고 강인한 그 무엇이 있었으니…….

사람으로 치면 여걸(女傑) 중의 여걸 박순천 여사의 고장으로 우리 아버지는 누구보다도 박순천(朴順天) 여사와 인연이 깊다.

평소에 낚시를 좋아하니까,

"오빠요, 나이 들면 고향 바닷가에 집 짓고 삽시다." 하면

의외로 "남해에 좋은 데가 얼마나 많은데." 한다.

"고향땅에 갈 생각 안 하고 남해는 무슨 남해?"

하면서 섭섭한 마음이 들었는데

속마음은 그게 아니었던 모양이다.

그러면 그렇지.

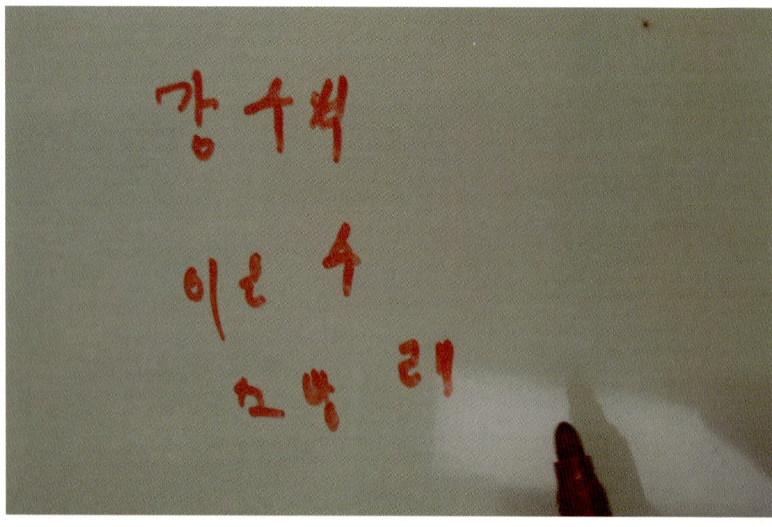

오빠 친구들 /

"오빠요, 친구 이름 적어보이소."

"강우석, 이은수, 조방래."라 한다.

"더 적어 보이소."

권성부, 김병태, 최권남, 조민우, 차상철, 김양남, 이부남 등

참 많이 들었던 낯익은 이름들을

기력이 다한 모양인지 더 이상 쓰지를 못한다.

오빠 친구들은

우리 집이 남의 집이 아닐 정도로 들락거렸다.

참새가 방앗간을 그냥 못 지나치듯이

우리도 누가 좀 뜸하면

"와 그 오빠는 요새 안 보이요, 어데 아픈가?"

할 정도로 지냈다.

부르는 소리, 문 두드리는 소리만 들어도
어느 오빠인지 다 안다.
오빠는 친구를 대함에 있어
학력, 직위, 신분하고는 전연 상관없었다.
오로지 친구로서 의리와 정을 나누었다.

의대 생활을 힘들어 하던 은수 오빠가
처음 의사가 되었을 때 오빠는 그 누구보다도 기뻐하였다.
근래에 우즈베키스탄으로 의료봉사를 떠난 후에는
우석이 오빠와 국제통화를 하면서까지
오빠와 대학병원 간의 긴밀한 교두보 역할을 해주었다.
절대로 대학병원에서 나오지 말고
재활병동으로 옮기라고 신신당부하였는데…….
대학병원 규정에 의하여 할 수 없이
요양병원으로 갔는데
결국 1달을 넘기지 못하였다.

제조업으로 자수성가한 박식하고 인정 많은
우석이 오빠는 먼 친척보다 더 가까웠으니
내보다 더 오빠와 많은 시간을 같이 보내며
병원 또한 자주 찾아서 말벗이 되어주었고
남은 세 아들에게 아버지 역할까지 해 주었으니

마지막 순간까지 오빠와 함께 한

우리 형제나 다름없는 죽마고우들이다.

“두 분 오빠요, 그동안 정말 감사했어요.

삼총사가 이제 2총사 되었네요.”

오빠들요, 평소에 오빠는 우리가 섭섭할 만큼

“내 재산은 친구들이다.”라고 늘 말해왔기에

그 이름들 다 기억한답니다.

“그동안 외로운 울 ‘오빠야’와 동고동락하시고,

함께 술 친구해 주셨던 많은 시간들.

고맙게 생각하며 소중하게 간직하겠습니다.

오빠들도 더욱 건강하셔요.

그래야 울 오빠 보듯 하지요.”

세월이 이상하게 흐른다 /

"오빠요 또 적어 보이소." 하고 내미니
"세월이 이상하게 흐른다."라고 쓴다.
세월이 이상하게 흐른다?
그랬다. 오빠의 느낌으로는…….
이때 감지했었어야 했다.

뭔가가 오빠로서는
세월이 어떻게 돌아가는지 어디서 멈추었는지
혼돈되고 뒤죽박죽되어 있으니
언제 닥칠지 모를 마지막을 대비하고 있어서야 했다.
"오빠요 어떻게 쓰러져서 대학병원에 와 있는지 아능교?"
옆으로 고개를 흔든다.

정말 고맙어

시간의 앞뒤가 마음대로 뒤엉켜 이미 시계는 고장이 나고 말았으니 오락가락하는 정신에 얼마나 답답하였을까!

"오빠요 누가 보고 싶은교?"

자식들이거나 안산 누부야 이겠거니 하면서 별 의미 없이 물었는데

목이 뚫려 말을 해도 잘 들리지 않아 입모양을 보니

"엄마."였다. 그리고는 "할매."

아, 엄마라고?

30년 전에 돌아가신 엄마,

우리의 기억에도 까마득한 엄마를…….

그것은 이성이 아닌 원초적인 본능인가 보다.

엄마! 엄마! 엄마!

그 강한 오빠의 가슴속에 엄마를 품고 있었다니!

눈물겨웠다.

"내가 엄마 임종을 지켰다 아이가. 내 팔 안에서 내 손 잡고 마지막 숨을 넘겼다."며 외아들 자식으로서 마지막 도리를 했다는 안도감과 뿌듯함이 묻어나는 말이었다.

그랬기 때문일까?

우석이 오빠가 마지막 저녁을 함께 하고는 집에 바래다주었다고 한다. 객사나 횡사를 면한 것만 해도 참으로 다행이라 생각한다.

비록 병원이지만 자식 품에서 숨을 거두었으니
뿌린 대로 거두었다.

다음에 정신이 들었을 때 또 물어보면
경우, 덕우, 은우하면서 손자들을 줄줄이 꿴다.
아들 3, 며느리 3, 손자만 5.
"오빠요, 다 나으면 첫째한테 가서 손자들하고 같이 살면 되겠네."
했더니 고개를 옆으로 흔든다.
모른 척하고 "그럼 둘째한테 가면 되겠네."
역시 고개를 옆으로 흔든다.
셋째인들…….

자랄 때는 부모를 하늘처럼 모셨으나
정작 내가 부모 되었을 때는
낳아서 키워주고 공부시켜 둥지를 떠나보내면서도
자식들에게 마지막까지도 짐스럽지 않으려는 그 마음.
요즘 부모들의 마음을 오빠가 대변하고 있다.

아들이 하나면 뒷방에서 죽고
둘이면 길에서 죽고
셋이면 어디서 죽었는지도 모른다는 우스개가
현실이 되어버린 오늘날

목 메달 감이다.

정말이지 어디서 어떻게 죽었을지도 모를 일이었지만

마지막까지 우석이 오빠가 함께 해준 것은 정말 고맙기 그지 없다.

"그라믄 오빠요, 우리 집에 가까?" 했더니

내 손을 꼭 잡으며 고개를 끄떡끄떡한다.

그래도 내가 젤로 편했던 모양이다.

"그래, 빨리 나아서 우리 집에 가서 내하고 삽시다."

그것이!

그것이!

오빠와 이승에서의 마지막이다.

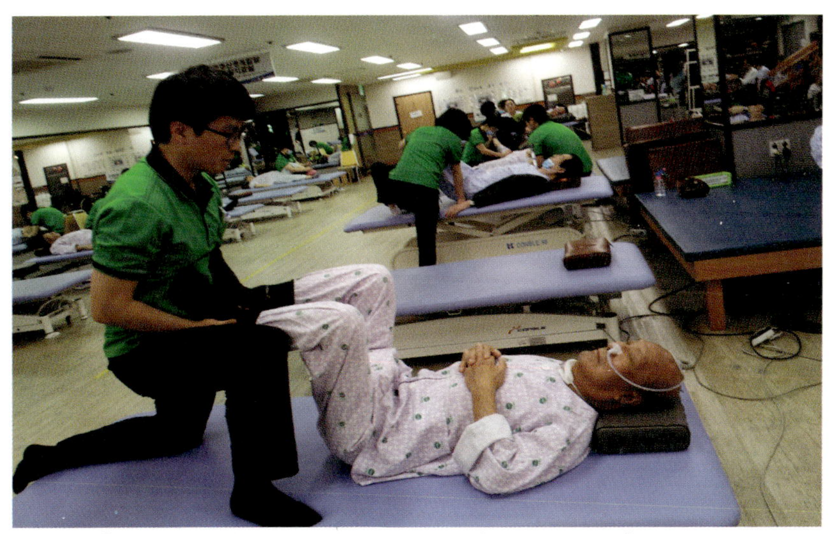

「죽음이 바로 코앞에 와 있건만. 두려움은커녕 평소와 조금도 다름없으니 더욱 애틋하다.」

난 아무 것도 모른다 /

9박 10일.
무엇에 홀린 듯하다.
나를 두고 숨을 거두더니
입관, 출상, 수목장, 삼오제.
모든 것이 끝나 있었다.
난 아무 것도 모른다.

"어찌 날 두고 갔을꼬!" 하니 순이 언니 왈, "니 안 온다꼬 얼마나 애타게 기다렸겠노, 그 심정을 니는 모르겠나."

펑펑 울었다.

"오빠요 정말로 내가 죄인이네요."

요양병원에 가서 "오빠요, 내 퍼뜩 갔다 왔심데이." 하면
"으야." 하고 내 손을 힘껏 잡아 줄 것만 같은 오빠야.

“오빠요, 그동안 우린 행복했어요, 그 커다란 그늘아래서.”

언젠가 그랬지요.

“나는 그늘을 만들어 주는데, 나는 어디에도 기댈 데가 없다.” 며 허허롭던 그 모습. 어린 동생이지만 좀 더 보필해 주지 못한 것이 내내 원망스럽다.

마(魔)의 2014년.

평소 감기도 한 번 걸리지 않았던 오빠였는데,

5월의 봄날 저녁. 계단을 내려오다 발을 헛디디어 벽에 머리를 부딪치고 팔과 허리를 크게 다쳐 난생 처음 대학병원에 입원하는 신세가 되었다.

우리는 단순히 술김이라 생각하였으며 여러 가지 사진을 찍었으나 머리 사진에는 신경 쓰지 않았다. 평소에 혈압 약을 먹는 처지였음에도 불구하고 말이다.

이제 생각해보니 헛디딘 것도 아마 다리에 힘이 풀려 뇌출혈의 전조였던 모양이다. 그러나 피를 밖으로 흘려보냈기에 뇌출혈로 진단되지 않고 단순히 외상치료로 가능했던 것 같다.

그때 만약 머리 사진을 찍어보았더라면 대처할 방법이 있지 않았을까?

아쉽고 안타까운 마음 그지없다.

머리와 팔은 꿰맸으나 엉치 뼈가 산산조각이 나서 누가 보아도 수술을 하지 않으면 안 될 상황으로 수술날짜도 잡혔었다.

그런데 부산대학병원 출신이자 교수였던 정형외과 의사인 은수 오빠가 병원 간의 영상자료를 교환하면서 내린 결론이 수술을 하지 마라는 것이었다.

우리는 '수술을 안 한다꼬?'

반신반의하면서도 은수 오빠가 하지 마라 하면 안 해야 된다고 전적으로 은수 오빠의 진단을 신뢰하였기에 수술하지 않았고 병원에서 움직이지 않고 스스로 뼈가 붙도록 치료한 결과 몇 달 만에 걷게 되었으니 참으로 은수오빠는 명의중의 명의였다.

그렇게 되찾은 건강을

가을에 또다시 구토와 어지러움으로 호소했으나 이미 때는 늦었다.

피가 밖으로 터지지 않고 머리로 올라갔으니 결국...

2015. 4. 9. 조용히 저 세상으로 갔다.

꼭 1년을 투병하다 끝내 눈을 감고 말았으니

어느 누군들 병마 앞에 장사 있으랴!

제 3부

/ 오빠야 가고 나서

무심한 세월 /

오빠 간 지 벌써 보름이 지났다.
밤 10시 kbs 가요무대.
오늘따라 오빠의 애창곡들이 나온다.
그 때 그 노래들.
따라 부르지만
이미 얼굴은 볼을 타고 흐르는 눈물로 가득하고
목소리는 더 이상 떨리지도 않는다.

-잘 있거라 부산항-
아아아아아아 잘 있거라 부산 항구야
미스 김도 잘 있어요, 미스 리도 안녕히
온다는 기약이야 있으랴마는
기다리는 순정만은 버리지 마라 버리지 마라

아~ 또다시 찾아 오마, 부산 항구야.

마이크를 든 모습이 어른거린다.
울 오빠 목청이 너무 크고 좋아 합창은 도저히 안 된다.
박자, 음정, 감정, 거기다가 정확한 발음이어야 한다며
한 수 가르치곤 했는데.

오빠요,
정말로 꿈에라도 노래방 다시 한 번 가서 들어보고 싶네요.
서울 언니는 틈만 나면 전화로
"시간이 없데이, 시간이 없데이,
부산에 있는 너그들끼리라도 한 번이라도 더 얼굴보고
외로운 너그 오빠 좀 잘 챙기래이." 할 때마다 나는
"아따, 오빠는 걱정하지마소,
내보다 더 건강해서 천년만년 살꺼요." 했는데...
만 가지가 다 걸리네요.

내 보약은 술과 담배 /

술과 담배로 허전함을 달랬던 울 오빠.
소줏잔이 컵이지만 정신력이 대단하였고
어떤 실수도 하지 않았으며 자세가 흐트러지지 않았다.
담배도 하루 2갑이 기본이었지만
옆구리 호주머니에는 언제나 꽁초 담는 작은 통이 있었다.
길을 가다가도 한 대 피우면 불씨가 남으면 안 된다고
발로 밟아서 비벼 끈 후에 그 통 안에 꽁초를 담는다.
그러면 또 우리는
"오빠요, 그라지 말고 마 담배를 끊는 게 안 낫능교?
몸에도 안 좋다 하는데" 하면

"술과 담배가 내 보약인데 무슨 소리?" 하면서 또 웃는다.

내가 아는 한, 길거리에 절대로 담배꽁초를 버리는 일이 없는

자주적인 민주 시민이다.

나름대로 혈압 조절을 전문 병원에서 정기적으로 항상 체크하

였고

매일 2~3시간은 워킹으로 몸을 단련한 후

친구들과 저녁에 식사 겸 한 잔 하면서 울적함을 달랬었다.

근래에 다리에 힘이 풀려 몇 번 주저앉은 적이 있었다는데

이제 보니 그것이 뇌출혈의 신호였었는데

술 때문인 줄로 착각하고 있었던 점이 제일 큰 실수였다.

뇌출혈이 온다는 것은 상상도 못 하였다.

주변에 그런 경험이 없어서 몰랐던 것이다.

아마도 그것이 인생인가보다.

우리 오빠
말 타고
서울 가시면
비단구두 사가지고
오신다더니
서울 가신 오빠는
소식도 없고
나뭇잎만 우수수
떨어집니다

병신년 여름, 최순애 작사
박태준 작곡, 오빠생각
고운정 쓰다

오빠생각 21×34cm

날 업어 키웠다는 띠동갑 오빠야는 내가 프랑스 파리 여행중에 돌아가셨기에
그 그리움을 나타내고자 했다.

高 雲 亭 (고운정)

個人展(2007) / 韓國蘭亭筆會員 / 釜山書藝BIENNALE, 釜山書藝大展 招待作家

釜山市 海雲臺區 佐洞循環路 433番길 30, 103棟 1806號(중동, 힐스테이트)

Mobile 010-2742-4347 E-mail. gjj0609@hanmail.net

노래방에서 '오빠 생각' /

오빠야 장가가던 날.
못내 아쉬워서 불렀던 '오빠생각'을
노래방 갈 때마다 우린 단골로 부르면서
오빠에 대한 사랑과 존경으로 나타내었다.
오빠요, 듣고 있제?

뜸뿍뜸뿍 뜸뿍새 논에서 울고
뻐꾹뻐꾹 뻐꾹새 숲에서 울 제
우리 오빠 말 타고 서울 가시면
비단 구두 사가지고 오신다더니...

그러고 보니 죄다 이별의 노래들이네

작품 사진, 영정 사진 /

"이 사진 되게 좋으네, 어찌 된 거요?"
보수동의 아카데미 사진관을 운영하는 친구는
부산 역사의 산 증인으로 유명한 사진작가이다.
마지막으로 개인전을 열어야겠다며
인물화 모델로 오빠를 택했다고 하면서
사진을 찍어주었다 한다.
전시회 한다 하면 언제든지 갖고 오란다면서
자랑스럽게 걸어 두었다.
"와따! 울 오빠야 대기('아주 많이' 라는 경상도 말)
잘 생겼네."
하면서 웃곤 했다.
사진만 보아도 압도당한다.

그런데 얼마 전 그 친구가 개인전 열기도 전에
돌아가셨다 한다.
술친구 하나 잃었다며 슬퍼한 것이
불과 몇 달 전이건만
오빠마저...

'이 사진으로 담에 영정사진 하면 되겠네.' 라고
하고 싶었으나 방정맞은 말이 씨 될까 봐 안 했는데
결국 영정사진이 되어버린 액자 속의 오빠야.

혹시나 영정 사진을 그릴 수 있을까? 하여
복사 집에 들러 칼라 복사를 했는데
다 하고 난 다음에야 주인아줌마 왈
"전두환 대통령인 줄 알고 말을 잘못했다가는
싫어서 조심했다." 기에 웃으면서 말해줬다.

"전두환 대통령인 줄로 착각을 많이 해요.
젊은 날에는 미국의 국방부장관 키신저 하고 똑같다는
소리도 많이 들었고요."

77세 때의 모습에
해묵은 사진들로 하나하나 세월의 견장을 붙여본다.

가만히 오빠를 올려다보니
'막내이 니가 이제 내 맘을 아네.'
하며 빙긋이 웃고 있다.
'오빠요, 참 못난 동생이네요.
배웠으면 배운 만큼 행동했어야 하는데 부족했음에
이제야 땅을 치며 후회하네요.'

마지막으로 언니와 셋이 저녁을 먹고 올라가면서
나는 앞에서 가고
뒤에서 오빠와 언니가 주고받았다는 이야기.

"이 길을 지나오니 만감이 교차한다."
하길래 언니는 아직도 다 큰 자식들 걱정에 그러는가 싶어서
"와요?" 했더니
"내가 업고 키운 자가 언제 저렇게 커 가지고 이 사회의 구성원으로서 당당하게 살아가는 모습에 만감이 교차한다."고
그랬다.
그저 평범한 소시민으로 살아가는 동생일지라도
오빠는 눈에 넣어도 안 아플 동생이었나 보다.

살아계신 평생 동안
오빠 이전에 아버지 마음으로
우리들의 먼발치에서 항상 노심초사했음을...

그 말을 들으니 더욱 눈물이 앞을 가린다.
쓰러지고 난 다음에 언니가 나에게 해준 이 한 마디가
참으로 나를 울게 한다.
맨 정신으로 나에게 남긴 마지막 이 한마디.

그랬기에 이제야 정신이 번쩍 들고 한없이 후회가 된다.
오빠야의 기대에 걸맞게 살았을까?를 자문해보니
부끄럽기 짝이 없다.
왜 좀 더 일찍 깨닫지 못했을까?
속절없이 보낸 하루하루가 너무나 죄스럽다.

사진 속의 '오빠야'는
보면 볼수록
반듯함이 온 몸에 녹아있다.

내가 업혔던 사진도 어렴풋하게나마
본 적이 있었던 것 같기도 한데...
그 많았던 오빠의 사진들과 상장들은 다 어디로 가버렸지만

1남 5녀 우리 가족과 자손들
많지 않은 일가친척
친구들
수영과 낚시
그리고 교직생활
이것이 울 '오빠야'의 삶의 전부이며
군더더기 없는 삶속에
'오빠야'의 정신만 오롯이 살아있다.

40대 이후의 얼굴은 자신이 책임지라 했다.
당당하고, 위엄 있고, 그 속에 인간미가 넘쳤던 '오빠야'를
떠나보낸다는 것은 참으로 힘이 든다.
오빠의 결혼생활 이야기는 자식들의 몫으로 남겨둔다.

그만 오빠야가 없다 /

오빠 간 지 2달.

나는 외가가 저 멀리로 보이는
해운대 달맞이 언덕으로 이사를 왔다.
바다에서 떠오르는 아침 해를 바라보며
뭉클뭉클 커 오르는 꿈을 고이 키우던 그곳.

송정에서 동해남부선 열차를 타고
청사포 앞을 지나 해운대로 오면
하늘의 황금빛 보름달에 물들어
온통 바다도 황금빛으로 넘실대는 파도 따라
노 젓는 고깃배도 올라갔다 내려갔다 할 때마다
언니와 나도 올라갔다 내려갔다 하면서

세상에 이런 경치는 없겠다며 빠져들었던 그곳,
평생 기억 속에 남아있는 가장 멋진 장면을 꼽으라면
단연 으뜸인 그곳.

넓진 않지만
아침마다 그 해를 바라보며 눈을 뜨는 이곳에 이사를 하였다.
언니 둘은 함께 즐거워하는데 그만 오빠야가 없다.
순이 언니도 "오빠가 있었으면 얼마나 좋다 했겠노?"
그러면 우리는 또 운다.

5~60년이 지난 지금,
동해남부선 열차가 외곽인 신시가지로 돌아가기 때문에
열차로는 영영 타 볼 수 없거니와
설령 청사포로 내려가서 본다 한들
그때 그 감흥은 아니리라는 생각에 세월의 무상함만 느낀다.
뒷방에 앉으면 신시가지 뒤로 장산이 앞마당처럼
좍 펼쳐져 있다.
그 오른쪽 고개고개 너머가
엄마와 오빠가 같이 누워있는 일광산이다.
꼭대기만 보여도 좋으네.

거실에서는 눈 아래 청사포와

이제는 동부산 관광단지라는 이름으로 현대화하며

조금은 낯설어지는 고향 동네 대내와

더 멀리 대변항까지...

무슨 복으로 이런 전망 좋은 집에 당첨되었을까 생각해보니

다 엄마 오빠야가 내게 쥐어준 복인가 보다.

웃다가 울다가 그리고는 또 웃는 우리.

어릴 적 달은 그대로인데 /

7월 들어 휘영청 밝은 보름달이 떴다.

1일 보았는데 30일이 또 보름이다.

어릴 적 고향 동네에서, 기차타면서 보았던 바로 그 달이다.

달은 그대로인데

동해남부선 열차는 사라지고 기적소리도 들리지 않는다.

2015. 7. 31. 19:30

문득 밖을 보니 아직은 밝은데도 둥근 달이

바다 위에 떠 있다.

한 달에 달이 두 번 뜬다는 블루문[1]으로

우리 정서와는 별 상관없는 서양식 표현이지만

어쨌거나 이곳으로 이사를 오자마자

---

1 블루문 : 양력을 기준으로 한 달에 보름달이 2번 뜨는 현상으로 두 번 째 뜨는 달을 말하며 2~3년에 1번 정도로 나타난다.

가나안교회

한 달에 보름달을 두 번 본다는 것은
나로서는 더없이 경이롭다.
이제는
황금빛 바다보다 기울어지는 달의 모습에
더 먼저 눈이 가는 것을 어쩔 수 없다.
'아~아 너도 가면 나도 가야지'

젊었던 그 날들
요즘과 달리 별로 할 것도, 볼 것도, 읽을 것도 없었던
여름날 저녁 무료한 시간이면
언니와 나는 노래는 잘 못 부르지만
오직 1권 있는 낡은 애창곡집이 닳도록
맨 처음부터 끝까지 다 불러야 책을 놓았다.

노래도 유행이 있나보다.
요즘 아이들 입에서는 동요 듣기가 힘들고
청소년들에게 가곡은 구시대 유물이 된 지 오래이다.

날 저무는 하늘에 별이 삼형제
반짝반짝 정답게 비치이더니
웬일인지 별 하나 보이지 않고
남은별만 둘이서 눈물 흘리네.

'오빠요, 이제 남은 우리 세 자매...'

신기루처럼 불쑥 떠오르는 노래들
그 집 앞, 바우고개, 그네, 아 목동아, 메기의 추억,
고향 생각, 석별의 정, 다음으로
박목월 시 '이별' 이란 노래까지 불러야 끝이 난다.

1. 기러기 울어 예는 하늘 구만리
   바람이 싸늘 불어 가을은 깊었네.
   (후렴) 아아, 아아 너도 가면 나도 가야지.
2. 한낮이 지나면 밤이 오듯이
   우리의 사랑도 저물었네.
3. 산촌에 눈이 쌓인 어느 날 밤에
   촛불을 밝혀 두고 혼자 울리라.

해가 지면 이웃 아지매와
달맞이고개 문텐로드를 따라 해월정에서
숲 속으로 들어가 어울마당을 지나봐야겠다.
그 때 그 감흥을 따라서...

이런 산책길이 앞마당인 것과
그 달빛을 향유한다는 것만으로도

축복중의 축복이라는 생각이 든다.
블루문이 아니더라도 달은 행복을 주고 행운의 상징이기에
옛부터 소원을 빌어 왔고 또 들어준다 했다.

달님은 먼저 내 소원을 알고 있으며
내게 그 소원을 쥐어주었다.
더욱 더 잘 가꾸어야지.

'오빠야! 내 소원 알고 있제.'

그래도 오빠는
천년만년 살 줄 알았다 /

용두사미(龍頭蛇尾)

크게 떠벌려 시작했다가 보잘 것 없는 결말로 끝나는 것처럼.

거창하게 하늘과 땅을 호령하듯

천지현황(天地玄黃)으로 시작하여

겨우 어조사인 언재호야(彦裁乎也)로 끝나는 천자문이나

천하제일의 글이라는 왕희지의 난정서(蘭亭書)를 보더라도

영화 9년에 회계산음의 난정에 젊은이 늙은이 모여

'한 잔의 술과 시로... 흥겹게 나아가다가

끝에 가면 장유감어사문(將有感於斯文)

후에 지금을 보는 것 또한 지금에 옛 것을 보는 것 같으니 슬프다.

고로 비록 세대가 다르고 일이 다르다 하더라도
감회를 일으키는 바는 한 가지이니
이 글에 감흥이 있으리라.' 하였다.

꼭 우리네 인생살이 같다.
청춘에는 저 하늘의 별도 딸 것 같은 호기로운 마음이었으나
찬바람 부는 겨울이 오면 스스로 오그라들어
누구라 할 것 없이 맥없이 사그라지는 우리네 인생.
그래도 오빠는 천년만년 살 줄 알았다.

언니들은 그랬다.
"아무리 수목장을 원했다 하더라도
자식은 부모를 그리하면 안 된다."고.

돌아오는 한식날
세로형이 아닌 가로형의 나지막한 비석을 세우기로 하였다.

雲外蒼天 /

운외창천.

독수리가 비구름 천둥치던 구름 속을
용감하게 뚫고 나가야만 볼 수 있는 세계,
구름 위의 그 푸르고 포근한
창공의 안식처를 보여 주려고
교대 정문으로 이끌고 갔던
그 인간적인 형제의 연을 차마 놓지 못하여
막내에게 비행기를 태워서까지 라도
확인시켜주고 싶었나 봅니다.

그러면서 이제는 거꾸로
"내 걱정은 하지도 말고, 염려하지도 말라."고…….
"그래도오, 오빠요 너무너무 아쉽네요."

象山 高正子

운외창천(雲外蒼天)

이 작품은 2011년도에
국제 난정필회(제 19회 월정 묵연전)에 출품한 작품으로
그 당시는 이순신 장군님의 험난했던 인생사를 집대성하여
노량해전에서 마지막 숨을 거두고
한 조각의 구름 되어 승천한 영면을
기리는 뜻으로 썼는데
이제 보니 울 '오빠야'의 올 곳은 인생을 담은,
예견된 작품이라 생각되오니
한평생 간직하며
오빠 보듯 하겠습니다.

"오빠요, 영원히 편안하게 잠드소서!"

업고 키운 막내이 정자.

한여름 밤의 꿈처럼
60년 세월이 흘러갔다.

2015. 8. 1.

교사로서 나는 성공했다 /

해도 해도
끝없이 나오는 이야기보따리 속의 주인공
오빠야.

다재다능했던 재주들을
가장(家長)이란 무게 때문에 어느 것 하나도
마음껏 펼치지 못하고
책임과 의무로만 한평생 사신 것이 제일 아깝습니다.

그래도 '교사로서 나는 성공했다'는
한마디가 위안이 됩니다.
스승의 날이면
찾아오는 제자들이 있어서가 아니다.
진정코

교육현장에서 학생들과 호흡을 같이 한
교사의 본분을 다한 것을
하늘은 알고 있다고 자부합니다.

책을 쓰면 10권도 넘겠다던 오빠의 인생을
만분의 일도 나타내지 못하였지만
더 큰 그늘이 되어주고자 하는 깊은 뜻을 새기며

모두들 열심히 살겠습니다.

「오빠의 교직생활 사진 1장을 고르라면 나는 이 사진으로 하겠다.
이 아이들에게 건강하고도 해맑은 웃음일 짓게 한 오빠다.
지금, 이 아이 어디서 무엇을 하고 있을까? 웃음을 잃지 않았으면 좋겠다.」

벌써 1년 /

2016. 3. 11.

오빠 간 지 벌써 1년이다.

한식날 세우기로 한 비석을 알아보려고 기장으로 갔다.

오는 길에 옛 우리 집 앞을 지나게 되니

오빠가 보았다면 더더욱 만감이 교차했을 것이다.

몇 년 전까지만 해도 뒷담이 있어 옛날의 흔적을 알 수 있었는데, 지금은 도로 확장으로 길을 더 내어주고도 커다란 신축건물이 보란 듯이 우뚝 서서 집은 물론이고 채전밭이며 장터며 옛 흔적은 아예 없다.

그 학교는 그래도 100년 전통을 자랑하며

떡 버티고 잘 있는데.

조카들과 함께 고향동네 대내로 갔다.

서실 같은,

미역 같은 상큼하고도 싱그러운 갯내음이 우릴 반긴다.

흠흠하고 뱃속까지 들이켜 본다.

아! 이 고향 냄새.

마침 썰물이 되어 밀려나간 그 바닷가로

위험한데도 불구하고 나도 모르게 내려갔다.

어린 날 바위에 발을 디디는 순간 바위 밑으로

갯강구들이 눈 깜짝할 사이에 다 숨었었는데 한 마리도 안 보인다.

바위를 새까맣게 덮었던 커다란 왕고동도 하나 없다.

그나마 작고 길쭉한 고동들은 아직도 드문드문 보이는데

손바닥에 올려놓고 보니 쏙 얼굴을 내미는 것이 귀여워

예전처럼 놓아주자 퐁당하고 물속 어디론가 사라졌다.

바위 틈새를 들여다보니

어릴 때 보았던 거북손들이 깊게 숨어있다.

참 반갑다.

큰 바위 밑에 손을 넣어 "문어 잡았다", "낙지다", '해삼이다" 하던 아제와 아지매의 소리들이 들리는 듯하다.

따개비를 꾹 눌러보니 칙 물을 뿜어낸다. 바위위에서 게들이 줄을 지어 발레를 하던 장면은 볼 수 없었지만 추억이 많은 이 동네는 참으로 정겹다.

어릴 때 여기 와서 자면 새벽녘에 언제나 비가 왔다. 잠결에 '왜 내만 오면 비가 오지?' 했었는데 나가보면 비가 아니었다. 문을 열면 마당 앞이 바로 바다였으니 파도가 오가면서 모래를 쓸고 가는 소리였다.

지금도 그 소리는 언제나 향수처럼 남아 있어 잔잔하면서도 돌돌거리는 시냇물 소리를 참 좋아한다. 사라호 태풍쯤인가 집으로 물이 들어와 담을 쳤으며 다시 새로 지은 집 안에서 유리를 통해서 볼 수 있지만 그 옛날처럼 마루 끝에 앉아서 오고가는 파도를 보는 낭만은 없다.

그렇다 해도 이런 조망을 가진 집이 몇 집이나 될까?

60년대인가? 고은아 주인공인 '갯마을' 영화 속 장면들이 전설 같은 동화로 변한 지금, 집 뒤에는 이미 쌍용건설에서 충무마리나 호텔 같은 건물을 짓고 있으며 절반 정도 하늘높이 올라와 있다.

아제는 아직도 살아계시는데 장대한 기골과, 오똑한 코, 벗겨진 머리가 나이를 먹으니 영판 오빠를 보는 듯했다.

그 시절, 고깃배를 가지고 있었으며 그랬기에 우리는 생선이란 생선은 다 잘 먹었다. 꼼장어를 짚불로 구워 먹었으니 '짚불꼼장어'와 석쇠로 구운 다음 초장을 다시 발라 굽는 '장어구이'의 원조들이다.

그 커다랗고 우직한 손이 살아온 역사를 증명하는데 일찍 논 팔고 밭 팔아 도시로 나간 사람들은 다 고만고만하게 사는데 우직하게 농토를 지킨 아제는 그 누구도 부러워할 사람이 없으니 늘그막에 아들 며느리의 보호를 받고 사는 모습은 참으로 보기에 좋다.

그런데 자세히 보니
웃고는 있어도 우리를 잘 모르는 듯했다.
세상에, 우리를 못 알아보다니, 약간 치매 끼가 있다 한다.
겉은 멀쩡한데 정신이 가고 있다.
아지매는 정신은 말짱한데 모습이 쇠했고,
80이 넘어가면 이래저래 한 세상 살아온 풍상을
몸은 아나 보다.
그러고 보니 나도 머잖다는 생각에 착잡해진다.
한 치 앞을 내다 볼 수 없는 나약한 인간이기에
어떻게 하는 것이 well dying인지 아직은 잘 모르겠으며
준비가 되어 있지 않다.

옛날을 그리워한다는 것은 미래보다 과거에 매달리는 안타까운 심정이라 생각했기에 나이 들어 할 일이 없으면 그때나 나도 과거를 돌아보겠지만 '지금은 아니다'라며 애써 현재에 충실하려 했다.

그러나 오빠를 이야기하려면 추억이라는 이름으로나마 옛이야기를 말하지 않을 수 없어 하다 보니 기억들이 새록새록 났다.

희한한 일이다.

나이 들면 옛날일은 잘 기억한다더니 아마 나도 나이를 먹는가보다. 오빠가 엄마, 할매, 그 옛날 주소를 떠올린다는 것은 가물가물 멀어지는 이승에서 남은 마지막 한 줄기 불빛이었으니 훅 하고 꺼지는 순간 알라딘의 램프처럼 오빠의 모든 것이 바람결에 흩날려 사라졌다.

이 세상에 올 때 누구나 엄마 뱃속에서 왔으니 갈 때도 왔던 그 곳으로 돌아가고픈 마음. 엄마라는 이름인가 보다. 참으로 숭고한 인연이었기에 내세에서는 고향집에서 다시 만나기를 염원한다.

새들에게도 있다는 '귀소 본능'이라는 말이
오빠를 통해 참으로 마음깊이 다가온다.
輪回, 回歸, 歸鄕, 歸天 등 등
한 세상 살지 않고는 절대로 말 할 수 없으리니
도연명의 '귀거래사'가 새삼 가슴에 와 닿는다.

歸去來兮 田園將蕪胡不歸 (귀거래혜 전원장무호불귀)

旣自以心爲形役 奚惆悵而獨悲 (기자이심위형역 해추창이독비)

돌아가야지.

논밭이 묵어가는데 내 어찌 아니 돌아갈 수 있으랴

이제껏 마음은 몸의 부림을 받았으니

어찌 홀로 근심하며 슬퍼하고 있는가.

.

倚南窓以寄傲 審容膝之易安 (의남창이기오 심용슬지이안)

남쪽 창에 멋대로 기대앉았으니

비록 방은 작지만 편키만 하다

.

雲無心以出岫 鳥倦飛而知還 (운무심이출수 조권비이지환)

景翳翳以將入 撫孤松而盤桓 (경상상이장입 무고송이반환)

구름은 산골짝을 돌아 나오고

날다 지친 새는 돌아올 줄 아는구나.

햇볕은 어스름에 가리어 서서히 기우는데

외로운 소나무 어루만지며 홀로 서성이네.

.

木欣欣以向榮 泉涓涓而始流 (목흔흔이향영 천연연이시류)

善萬物之得時 感吾生之行休 (선만물지득시 감오생지행휴)

물오른 나무들은 꽃망울을 터뜨리고

샘물은 퐁퐁 솟아 넘쳐흐른다.

만물은 때를 맞아 즐거운데
삶은 갈수록 저물어 가누나

·

登東皐以舒嘯 臨淸流而賦詩 (등동고이서소 임청류이부시)
聊乘化以歸盡 樂夫天命復奚疑 (요승화이귀진 낙부천명복해의)
동쪽 언덕에 올라 휘파람 불고
맑은 시내에 앉아 시를 지으며
사는 동안 이렇게 자연을 따르다
마침내 돌아가면 되는 것,
천명을 즐겼으면 그만이지
다시 무엇이 미심쩍으리.

이 시가 꼭 오빠를 말하는 듯하다.
오빠는 그렇게 깨끗하게 티 없이 살다갔다.

순탄하지 않을 수도 있었던 삶을
지극히 평범하게 살려고 노력했다.
돈을 좇아가지 않았고, 명예나 권력 따위를 초개처럼 여기어
주위의 어떤 유혹에도 흔들리거나 야합하지 않았다.
월급의 한도 내에서 가장 떳떳하고 당당하게 산다고
자부하였다.

평생 남과 10원 한 장 거래해 본 적 없으며
재테크를 위한 은행통장이나 그 흔한 카드 한 장 없다.
목에 칼이 들어올지언정 길이 아닌 곳은 결코 가지 않았으니
고도의 정신력과 철학이 없었다면 시류와 세파에
편승하였을 것이다.

오빠에게는 유혹 같은 제의들이 많았었다.
· 독일 간 친구가 달러를 건네면
"나는 대한민국 고등학교 교사다."
· 나훈아보다 더 낫다고 '가수할 생각은 없나?'
"뭣이라! 선생보다 더 좋은 게 어디 있다꼬."
· 장학사의 길을 열어주겠다던 교육선배에게는
"셋 아이 키우기도 버겁다."
· 고향에서 국회의원 함 나가보라던 아제보고
"내가 돈이 어데 있노."
· 어느 정당에서는 선대위원장이 되어 달라는 제의를
"나는 그런 진흙탕에 안 간다."

모두가 오빠의 능력을 알고 인정하기에 지극히 아끼는 마음인 줄 오빠는 누구보다도 더 잘 안다.
그러나 오빠는 그 어느 것에도 미련을 두지 않았고
모두 단칼에 거절하였다.

오직 학교! /

그것도 수업 현장을 가장 큰 가치로 여겼다.
승진이나 출세를 헛방질로 생각했다.
뭔가 자신의 부족한 것이 있기에 그런 곳에 눈을 돌린다고...

기이하다면 기이하고 바보스럽다면 참 바보스럽다만
한 걸음, 한 걸음 걸어온 그 길이 뒷사람에게 귀감이 될지언정
결코 흉은 아니라 생각하며 아는 만큼 실천하였기에
군자라 했다.

친구들은 그런 오빠인 줄을 안다.
오빠처럼 살아온 것이 잘 산 건지 잘못 산 건지는 모르겠다만
분명한 것은 소박하게 가정, 형제, 친구
또한, 이웃하고 있던 인연들에 비굴하지 않고, 부끄럼 없이,
사회와 자신에게 당당하게 살려고 노력한 것을
다른 사람은 몰라도 나는 알아주어야 한다.

예전,

한창 피가 끓던 젊은 시절에 그랬다.

"나는 남에게 길들여지지 않는 야생마" 라고...

"그 야생마 내가 수업종소리에 따라 출석부 옆에 끼고

교실 문을 들어서는 내 모습에 주먹을 꽉 쥔다." 했다.

대장부 사나이가 왜 오만가지 상념이 없었겠는가!

어떤 말로 그 깊은 심중을 헤아리랴.

울 오빠야.

교육이란 용광로 속에 자신을 스스로 던져 녹이며

모든 것을 단순화시켰다.

simple life로, 진솔한 삶으로.

그 누구보다도 사람의 도리로 이치에 맞게 살았기에

자랑스러워 이 글을 쓴다마는

그래도 눈물이 나는 것을 막을 수는 없다.

오빠의 인생에 경의를 표하고자 한다 /

나는 같은 선생임에도 불구하고, 요즘말로 칼퇴근을 하며 취미생활을 한답시고 여기저기를 기웃거렸지만 오빠는 친구들의 친목 외에는 그 어떤 단체에 가입하여 활동하지 않았으며 특히 전교조 같은 모임을 강력하게 비판하였다.

오직 학교에만 열중하였으니 생활의 전부였다.

장학사가 학교에 시찰 나오면 우리는 그저 촉 잡히지 않으려 했다. 그러나 오빠의 이야기를 들어보면 그 학교에 시찰 나온 장학사들이 도리어 이야기를 잘못했다가는 오빠에게 혼쭐이 났다고 했다. 그만큼 맡은 일에 자신 있게 인생을 걸고 당당하게 살았다고 생각한다. 마치 서부영화 ok목장의 결투 장면처럼. 그랬기에 이 부족한 동생이 오빠의 가치를 알아주어야 한다는 것은 너무나 당연한 일이다.

명퇴를 하고 기간제 교사라는 이름으로 하루 시간강사에서부터 1년 기간제까지 두루두루 해 보았다.

옷감을 재단하여 내가 원하는 옷을 짓는 디자이너와 옷 수선 전문가는 또 다른 영역이듯이 기간제 교사는 학교, 학급, 학생의 그 어떤 정보도 없이 정규직의 빈자리를 메꾸면서 교육현장에서 부딪치는 현실을 원만하게 소화하며 학교의 전반적인 흐름에도 무리가 없어야 한다.

우리도 첫 대면을 해보면 그 반이 앞서 담임과 어떤 교감으로 어떻게 생활해 왔는지는 장학사보다 더 잘 파악이 된다.

우리야 명예퇴직을 하였고, 또 나이가 들어도 불러주니 이 점 저 점 즐거운 마음으로 다녔다만 교육현장에서 보는 정규직 교사와 비정규직 교사 간의 불합리한 점들을 보면서 젊은 기간제 교사들이 오늘 짤릴지 내일이 어떨지 모를 직장에서 평생직장은 그야말로 로망일 뿐이다.

또한 갑질의 횡포에 맥을 못 추는 시대가 되었으니 교육에 혼신의 힘을 쏟기보다 투잡, 스리잡을 생각 안 할 수가 없다. 그러니 안정된 공무원을 바라는 사회현상은 그만큼 사회가 불안하다는 것을 반영한다. 그러기에 안빈낙도(安貧樂道)를 즐기며 더더욱 한 우물만 파고 살았던 오빠의 삶이 더욱 돋보인다.

헤밍웨이의 ‘노인과 바다’ 마지막이 생각난다.

비록 밑둥치는 상어에게 다 뜯긴 만신창이 고래일망정

남들이 하지 못하는 일을 했다는 자부심으로 누가 뭐라든
뚜벅뚜벅 걸어가는 노인의 뒷모습이 오빠로 보인다.
하루가 다르게 변모하는 이 시대에
나에게 남겨진 시간이 얼마일지는 몰라도
오빠는 내게 더욱 치열하게 살라한다.
왜냐하면 살아있음이 곧 삶의 희열이라고…….

무더운 여름과 추운 겨울을 이겨내지 않고
어떻게 향기로운 봄 내음을 맡으랴!
낼 죽더라도 오늘 사과나무를 심는다는
진리를 일깨워준 오빠야.
마지막 순간까지 정신 줄을 놓지 말라 한다.
동갑내기 작은집 대산 오빠하고는
주거니 받거니 하면서 쿵짝이 잘 맞아
둘이서 좌중을 들어 올렸다 내렸다 하며 우릴 즐겁게 했는데
그 오빠도 "영아, 참 보고 싶다."
채 말이 끝나기도 전에 이미 내 무릎엔 뜨거운 것이
떨어져 있다.

의사는 의대에 들어가면서 히포크라테스의 선서를 가슴에 새기듯, 교사는 교대에서 설리반 다이크의 '무명교사 예찬사'를 배운다.

졸업한 지 40년도 더 지난 지금 새삼스레 읊어본다.

나는 무명교사를 예찬하는 노래를 부르노라.
위대한 장군은 전투에서 승리를 거두나
전쟁에서 이기는 것은 무명의 병사로다.
유명한 교육자는 새로운 교육학의 체계를 세우나
젊은이를 건져서 이끄는 자는 무명의 교사로다.
그는 청빈 속에 살고 고난 속에 안주하도다.

그를 위하여 부는 나팔 없고,
그를 태우고자 기다리는 황금마차 없으며,
금빛 찬란한 훈장이 그 가슴을 장식하지 않는도다.

묵묵히 어둠의 전선을 지키는
그 무지와 우매의 참호를 향하여 돌진하는 그이어니
날마다 날마다 쉴 줄도 모르고
천년의 적이 악의 세력을 정복하고자 싸우며,
잠자고 있는 영혼을 깨워 일으키도다.
게으른 자에게 생기를 불어주고
하고자 하는 자에게 고무하며
방황하는 자를 확고하게 하여주도다.
그는 스스로의 학문하는 즐거움을
젊은이에게 전해 주며
최고의 정신적 보물을 젊은이들과 더불어 나누도다.

그가 켜는 수많은 촛불
그 빛은 후일에 그에게 되돌아 그를 기쁘게 하노니
이것이야말로 그가 받은 보상이다.

지식은 새 책에서 배울 수 있으되
지식을 사랑하는 마음은 오직 따뜻한
인간적 접촉으로서만 얻을 수 있는 것이로다.
공화국을 두루 살피되 무명의 교사보다
예찬을 받아 마땅한 사람이 어디 있으랴.

민주사회의 귀족적 반열에 오를 자
그밖에 누구일 것인고
자신의 임금이요, 인류의 머슴인저!

오늘날, 시대도 문화도 급속도로 변했다.
의미가 많이 퇴색되었지만 문구 사이사이에서
오빠의 교육철학과 신념 그리고 실천이 보인다.

송공식
2000. 2. 23.

송공식
2000. 2. 23.

"그가 켜는 수많은 촛불
그 빛은 후일에 그에게 되돌아 그를 기쁘게 하노니
이것이야말로 그가 받은 보상이다."라는 말로
아무도 알아주지 않아도
"나는 교사로서 성공했다"는
오빠의 인생에 경의를 표하고자 한다.

2016. 9. 30.

제 4부

/ 제자들의 졸업 40주년

오빠와의 소소한 이야기에 마침표를 찍고 원고를 넘긴 다음,
교정 요청이 생각보다 늦어서 사정이 있겠거니 하던 차에
출판사의 사정으로 작업이 늦어져
죄송하다는 연락을 받았다.
출판날짜가 정해져 있었던 것도 아니니 편한 마음으로
진행하시라고 인사를 건넨 다음 곰곰이 생각해 보니
2016년 12월 10일의 행사가 책의 마무리로는 제격이라
출판이 늦어진 것을 도리어 감사해야 할 처지가 되었다.

아마 울 오빠야가 보았더라면 날 가리키며 쩌렁한 목청으로
"자가 누군 줄 아요? 내 막내이 여동생 아인교!" 했을 오빠야.
그러면 또 내 입은 귀로 올라가고 빙긋이 웃기만 했을 텐데…….
하릴없이 눈물방울이 또 따라온다.

차마 아직도 지우지 못한 010-8454-9657.
'이 번호는 없는 국번이오니……'
뻔히 알면서도 해 본다.

2016년 12월 10일.

졸업 40주년을 기념하는 초등학교 제자들의 행사가 있었다.
당시에 같이 재직했던 같은 또래의 여교사 다섯 분과 함께
그 자리에 초대받아 과분한 대접을 받았다.
여교사에게는 6학년 담임을 맡기지 않던 시절,
키가 큰 영향도 있어 홍일점으로 맡았는데
다섯 분의 같은 학년 선배 담임 선생님들은
나를 딸처럼, 동생처럼 아껴주시었던 기억이 떠오른다.

행사장 단상에서 마이크를 들고 바라보니
당시의 제자들은 나보다 더 머리가 희끗한 50대 중반의
중후한 아저씨, 아줌마들이 되어 앉아 있었다.
이 시대의 주역인 제자들을 그저 바라만 봐도 배가 불렀다.
20대 초반의 철없는 햇병아리 교사였던 나를
최고의 자리에 앉혀주며 큰절을 하니
이보다 더한 영광이 어디 있으랴.
돌이켜보니 40년도 더 흐른 지난 세월이다.
열심히 했지만 부족함이 많았던 시절,
때때로 이럴 땐 이런 방법으로 수업했더라면
더 잘 가르쳤을 것을……하는 아쉬움과 후회도 남는다.
그럼에도 작은 밀알 하나를 잊지 않고 찾아주니
교직생활의 보람 중에 이보다 더한 가치는 없다.

젊은 교사를 좋아하는 것은
노련함보다 실수투성이지만
더 많은 열정을 갖고 있기 때문일까.
예나 지금이나, 학생이건 학부모건
생각이 같은 게 아닐까 싶다.

옆 반에 있었다는 한 제자가
"선생님이 그때 인기가 최고였어요." 하는 말에
"맞아 맞아, 그랬제, 아~ 나도 그런 호시절 있었네, 고마워"
했더니 "그렇지만 무서웠어요, 한 카리스마 했어요."
"그리니 옆 반인 우리도 선생님 이름을 알지요."라고 한다.
"선생이 그래도 무서운 면이 좀 있어야 학생이 배울 게 있지!"
하며 즐거운 시간을 보냈다.

요즘은 스승이란 말을 모를 정도로 삭막한 시대이다.
40년 전의 시공을 다시 함께 가진다는 것은
보통의 정성으로는 할 수 없기에 더욱 감복하였다.
제대로 해준 것도 없는데…….

이제는 같이 늙어간다고 "누부야"라 한다.
그러면 나도 "오빠야 라고 부를게" 하면서 맞장구치면
박장대소에 어깨동무를 하며 좋아라 하니

이보다 더 좋은 관계가 어디 있을까?
노래 한 자락 하라기에 '꽃을 든 남자'를
'꽃을 든 여~자'로 가사를 바꿔 부르자
어느새 철종이가 내 머리에 꽃을 얹어주는 센스!
이 표정에는 엄마가 자식을 보는 듯한
무한한 사랑이 담겨 있고 이제는 주객이 전도되어
사랑스럽게 바라보는 의젓한 모습이 너무나 듬직하다.
황금덩이와도 바꿀 수 없는 최고의 사진으로 간직해야지.
벽은 이미 허물어졌고 노래방도 예약되어 있다.

교육 경력 3년차 5학년 담임.
배경을 보니 성지곡 어린이회관이 들어선 지 얼마 안 되어
학생들을 인솔하고 소풍갔을 때의 사진이다.
당시 장난끼 많으면서도 인정 많고 의리 있던
반장 김태화 학생이 간직했던 사진이라며
그 자리에서 카톡으로 전송 받고 보니
젊은 시절을 되돌려 받는 것 같아서 참으로 좋았다.
5, 6학년 담임을 연속으로 맡아 2년을 함께 한 제자들이니
그 어느 사진보다 귀하게 여겨진다.

다음날 아침,
어제의 여흥이 아직도 남아

옛 사진첩을 보았더니
국민학교 6학년 때 수학여행 사진이 첫 페이지에 나왔다.
경주 불국사에서 찍은 사진인데
맨 앞 왼쪽에서 3번째가 나다.
키가 작아 중학교 때까지 언제나 맨 앞자리 차지였는데
고등학교 3년 동안 25㎝나 무럭무럭 자랐다.

대학을 가니 나보다 큰 친구가 3명 뿐이었으며
학교행사가 있을 땐 맨 앞에 서기도 하였다.

'1962.5.3.'이라고 적혀 있는 분수대 앞 사진에서
내 왼쪽이 박정식 선생님이시다.
그 당시, 직원체육대회라 하여 주변의 학교와
친선 배구시합을 자주 하였다.
9명 남교사 선수 중에 반드시
관리직이나 여교사가 끼어야 했기 때문에
나는 언제나 여교사를 대표하여 경기에 나섰다.
그 때부터 배구를 하게 되었으며
지금도 tv의 배구경기 중계는 즐겨본다.

그 담임 선생님은 마침 근처의 학교에 계셨기에
우리가 경기를 할 때마다 그 학교 응원보다

수학 여행 기념
경 1962. 5. 3 주

大雄殿

KNA

"우리 제자 잘 한다" 하고 상대편인 나를 응원하셔서
농담 반 진담 반 주위의 눈총도 받곤 하였으나
나로서는 부끄럽기도 하면서 한편으로는 그 덕분에
더 열심히 재미있게 할 수 있었다.
그러나 얼마 후 캐나다로 이민가시고
몇 해 지나지 않아 고인이 되셨다.

국민학생으로 선생님을 따라갔던 불국사를
10년 후 선생이 되어 학생을 인솔하고
다시 찾은 날은 나를 설레게 했다.
불국사 앞마당, 같은 장소에서
학생이었을 때는 다보탑이 배경이었는데
선생이 되어서는 방향만 살짝 바꾸어
대웅전이 배경인 이 사진.
두 사진을 같이 놓고 보니 나름대로 의미가 있다.
그러나 그 기분도 잠시.
토함산을 낑낑거리고 중턱을 넘어 올라갔을 때
한 여학생의 팔이 빠졌다며 아이들이 헐레벌떡 달려왔다.
말이 선생이지, 25살 교직의 초년병 아닌가!
119라든지, 핸드폰은 꿈도 못 꿀 때다.

할 수 있는 방법이란 오직, 학생들에게 동원령을 내려
다급하게 남선생님들을 찾으니
주임선생님을 비롯하여 모두 한걸음에 달려오셨다.
아버지 같았던 주임선생님은 마치 접골원이 직업인 듯
팔을 이리저리 돌리면서 화살 당기듯 당겼다가 놓으니
신기하게도 그 아이의 팔이 제자리로 돌아갔다.
나는 그저 우두커니 바라만 볼 뿐이었다.
위급한 상황에서의 진한 동료의식은
꼭 전우애 같은 느낌이었다.

그 여학생도 왔을까? 궁금하여 물었더니
오늘은 사정이 있어 참석 못했지만 자주 얼굴 보인다면서
"아, 명희요? 그 친구, 동기하고 결혼하여
재미있게 살고 있어요." 한다.
"우와, 정말 좋은 인연이네."
그런데, 지금도 가끔씩 팔이 빠진단다.
그 남편인 제자도 처음엔 '나처럼 얼마나 놀랐을까?'
생각하니 순간 '훅' 하고 웃음이 난다.

그 산골짝에서 당한 경험은 평생 잊히지 않을 추억인데
아버지 같고 오빠 같았던 선생님들이
다 돌아가셨다고 하니 그저 먹먹하다.

동항초등학교 34회 동기회
업40주년 기념 송년의 밤
일시 : 2016. 12. 10(토) 19:00

이제는 내 차례인가? 생각하니 섬뜩하기도 하다.
아직은 아니지 싶은데...
하늘의 뜻대로 사는 수밖에 달리 방도가 없다.

나를 '누부야'로 부르는 박철종 군은
이 사회를 진단하는 신문기자로 활약하고 있다.
내 어깨에 손을 얹은 이 모습은
그 옛날 오빠와 학생들의 사이를 보는 것 같아
더욱 감동으로 다가온다.

누가 선생이고 제자인지 모를 정도로 세월이 흘렀다.
대표로 한 말씀하라기에
그 시절을 떠올리며 고마움을 나타냈다.

"한창 꽃다운 청춘을 여러분과 함께한 시간이 내 인생 최고의 값진 시간이었습니다. 여러분, 진심으로 사랑합니다."

"쟈가 누군 줄 아요? 내 막내이 여동생 입니더"
허공에서 화답한다.
내 입 꼬리 올라가건만 수정구슬은 가슴으로 삼킨다.

보고 싶은 형께!

이 은 수
/ 부산대학교병원 교수(전), 동해요양병원 정형외과(현)

인간은 단 한 번의 기회만 가진 지구의 여행자기에 가장 중요한 것은 장비, 동반자, 목적지도 아닌 마음가짐이라 합니다.

적당히 여유 있는 마음가짐을 가질 때 경쾌한 인생을 살 수 있다하며 마음의 안정을 찾았을 때 자신을 피곤치 않게 만든다 합니다.

그런데 우리는 꽉 막힌 콘크리트 건물 내의 인공녹지를 바라보며 숨을 쉬고, 통신수단이 발달할수록 속마음을 털어놓을 친구는 점점 줄어들고, 의료기술이 발전하지만 질병은 증가하기만 하고, 사랑도 퇴색되고, 사람에 대한 경계심은 더 커져만 갑니다.

오늘,

고 일 영 선생은 교육자의 스승인 페스탈로찌로

평생을 교육에 바쳤다.

우리의 친구이자 맏형격인 형을 추모하며, 형이 가진 특유의 고집과 신념을 배우려 합니다. 소유에 얽매이지 않은 진정으로 자유로운 삶, 단순한 삶을 말입니다.

더 늦기 전에 마음에 쌓인 먼지를 털어내야겠습니다.

형이 독특한 솜씨로 썰어낸 회 한 점과 소주 한 잔 놓고

다음 무구회를 할 때까지 편안한 삶을 사십시오.

이른 봄이다.

산중턱 언덕에 피어나는 냉이를 본다.

어린 날 긴 겨울 지겨울 정도로 맡았던

그 향이 그리워진다.

언 땅에 뿌리를 박고 찬바람에 몸을 숙여가며

초록빛을 이끌어 낸,

거친 흙내음을 품었지만

힘이 있는 당신의 모습이

이즈음이면 한없이 그리워진다.

2017.3.3.

외로운 벗 이은수

고정자의 오빠생각

세월이 이상하게 흐른다

초판 1쇄 인쇄 2017년 3월 20일
초판 1쇄 발행 2017년 3월 27일

지은이 운정 고정자
펴낸이 이재욱
펴낸곳 ㈜새로운사람들
디자인 이정윤
마케팅·관리 김종림

등록일 1994년 10월 27일
등록번호 제2-1825호
주소 서울 도봉구 덕릉로 54가길 25(우 01473)
전화 02)2237-3301, 02)2237-3316
팩스 02)2237-3389
이메일 ssbooks@chol.com
홈페이지 http://www.ssbooks.biz

ISBN 978-89-8120-544-7 (03810)

*책값은 뒤표지에 표시되어 있습니다.